第126代天皇陛下御即位奉祝
新たな御代を迎える喜びと、これからの課題

日本会議事業センター

本年5月1日、江戸時代後期の光格天皇以来、２０２年ぶりの譲位による御代替りを迎えた。第１２６代の天皇の御位につかれた陛下が、即位後朝見の儀でお述べになった「おことば」は、次のごとくであった。

「ここに、皇位を継承するに当たり、上皇陛下のこれまでの歩みに深く思いを致し、また、歴代の天皇のなさりようを心にとどめ、自己の研鑽に励むとともに、常に国民を思い、国民に寄り添いながら、憲法にのっとり、日本国及び日本国民統合の象徴としての責務を果たすことを誓い、国民の幸せと国の一層の発展、そして世界の平和を切に希望します」

平成から令和へ——新たな御代の幕開けに、日本国中が祝賀ムード一色に包まれた。日本の転機ともいえるこの折に、「平成最後の～」「令和最初の～」から改元にあやかった「令[illegible]号にちなんだ言葉やフレーズが数多く生まれたことは、私たち日本人が知らず知らずのう[illegible]意識しながら時を刻んできたことを浮き彫りにした。明治以来、一世一元の制をとってきた[illegible]「元号が代わる」ことはすなわち新たな天皇陛下が即位されることを意味する。

この節目の時にあたり、「平成という時代はいかなる時代であったのか[illegible]替りで浮き彫りとなった諸課題の本質とは？」「これから先の皇位継承の安定をいかにはか[illegible]ど多岐にわたり、国士舘大学特任教授の百地章氏と、神道政治連盟首席政策委員の田尾憲[illegible]だいた。対談は、平成31年3月13日と4月2日の二度行われ、5月1日以降、加筆されて[illegible]上に四回にわたって掲載された。本書は、その後の推移を加味してまとめたものである。新[illegible]良きものとする一冊となることを願ってやまない。

終わりに、対談のブックレット化をご快諾いただいた両先生に感謝申し上げたい。

はじめに

天皇陛下のご譲位と新帝陛下のご即位、改元、そして大嘗祭と、「令和の御代替り」もつつがなく進行しつつあることを心から嬉しく思う。ご譲位以外は、先の「平成の御代替り」とほぼ変わらないが、これも先人たちが皇室の伝統を守るべく叡智を傾け、大変な努力によって道筋をつけてくれたお蔭である。

現行憲法下で初めての「平成の御代替り」は、皇居や常陸宮邸に迫撃弾が撃ち込まれ、全国各地で神社が焼き討ちされるといった騒然たる時代状況下で行われた。そのような中で、政府の「大嘗祭には違憲の疑いあり」との論に対抗すべく、葦津《あしづ》珍彦《うずひこ》先生や大石義雄先生達を中心に、大嘗祭実現のための理論構築と政府への建言がなされた。その結果、大嘗祭を「皇室の公的行事」として、ほぼ伝統に則った形で斎行することができた。このことは、対談の中で紹介した通りである。伝統は、これを守り伝えてきた先人たちに心を通わせ、思いを受け継ぎ、それを貫く強い意志と不断の努力無くして、継承することはできない。

応仁の乱以降、二百年余り中断していた大嘗祭が再興できたのも、後奈良天皇を初めとする歴代天皇の祈りと強いご意思、それにご努力の賜物であり、それ無くして、今日まで大嘗祭が守り伝えられることはなかった。天武天皇、持統天皇以来、千数百年という長い歴史と伝統を誇るこの大嘗祭をしっかりと守り伝えていくことが、今の世に生を受けた我らの使命である。

その点で憂慮しているのが、大嘗宮の屋根が伝統的な「茅葺《かやぶ》き」から「板葺き」に代えられようとしていることである。予算上の問題や、茅葺職人を確保し、茅を集めるのが困難といった理由が挙げられている。

しかし、大嘗宮の規模を縮小したりすることで既に経費の問題は解決できているし、皇室の為ならばと喜んで馳せ参じ、茅を用意しようとしている熱心な茅葺関係者も存在する。残された時間は少なく厳しい状況にあるが、万一の場合は、せめて次の大嘗祭において必ずや「茅葺屋根」を復活して欲しいと思う。

最後に、この対談を読者の期待に応え、豊かで拡がりのあるものにしてくれたのが、葦津先生の高弟であり、皇室や神道について該博《がいはく》な知識をもつ田尾憲男氏であった。あの平安時代、貞観の三陸沖大地震のとき、清和天皇が「朕が親しく観るがごとくせしめよ」とお命じになって侍従を遠い陸奥の国に派遣された話など、大変感動的である。改めて氏に感謝したい。

また、大変お世話になった『日本の息吹』の坂元義久編集長と明成社の和田浩幸氏にもお礼を申し上げる。

令和元年十月十四日

百地　章

御代替り　――平成から令和へ、私たちが受け継ぐべきもの

目次

写真提供／時事通信社、天皇陛下御即位奉祝委員会

百地 章（ももち　あきら）

昭和21年静岡県生まれ。京都大学大学院法学研究科修士課程修了。法学博士。愛媛大学教授、日本大学教授を経て国士舘大学特任教授。日本大学名誉教授。民間憲法臨調事務局長。「美しい日本の憲法をつくる国民の会」幹事長。著書に『憲法の常識　常識の憲法』『憲法と政教分離』『これだけは知っておきたい「憲法9条と自衛隊明記」Q＆A』など。

田尾 憲男（たお　のりお）

昭和17年香川県生まれ。東京大学法学部私法ならびに政治コース卒。英国サセックス大学留学経済学専攻。日本国有鉄道（現ＪＲ）に入社し、鉄道情報システム株式会社監査役、顧問などを歴任。神道政治連盟首席政策委員、日本交通協会理事、日本文化興隆財団理事。著書に『英国と日本』『日本を語る』（共著）『共同研究・現行皇室法の批判的研究』など。

第一章

平成の御代をふりかえって

天皇陛下御即位三十年奉祝感謝の集い（平成 31 年 4 月 10 日、国立劇場）

新元号「令和」に思う

――ご譲位にともなう御代替りを迎えるにあたり、対談をお願いしたいと存じます。テーマは、「平成の御代をふりかえって」「御代替りの諸課題について」「新しい御代を迎えるにあたって」の3つを考えていますが、最後に御代替りのあとに控えております非常に大事な「安定的な皇位継承を確保するための課題」についてもお話し願いたく思います。冒頭に、4月1日に公布された新元号「令和」についてのご感想からお伺いしたいと思います。

田尾　第一に、日本の古典、国書の万葉集から採用されたことは良かったと思います。これまでは中国の古典、漢籍から選んできて、今回の候補にも漢籍に出典のあるものがあったと聞きますが、結果的に日本の古典から採択されました。「令和」の意味ですが、「令」「和」それぞれにいくつか意味があって、どの意味を採択するかによって全体の意味も違ってくる。

まず、「令」ですが、政令とか命令とか、堅いイメージがある一方で、令嬢、令息、令室など敬意を含んだ良い意味もある。また語源的には、神意を受ける神官が跪《ひざまず》いた姿を文字化したもので、受けた言葉を人に伝えるのも令と言われる。

次に、「和」ですが、すでに7世紀はじめの十七条の憲法で「和をもって貴しとなす」とあるように古来、大切にされてきた言葉です。過去の元号でも随分と使われているようですし、昭和の「和」に連なることもあり、よかったと思います。

そして、「令和」の全体の意味としては、「令」には「のり（範、則、法）」という意味もありますので、「秩序をもった調和」という意味に解するのがよいと思います。世情を見ますと、国政での与野党の対立、経済での貧富の格差拡大、税や福祉の負担での老若の利害衝突など、対立を煽《あお》る風

新元号「令和」を発表する菅義偉官房長官（平成 31 年 4 月 1 日）

潮が強くなってきている一方で、いじめや虐待など各種ハラスメントが増えています。また、これから外国人なども増加してくるし、世界的に見ても、自国第一主義の傾向が強くなって国際協調が失われつつあることを考えれば、新元号の「秩序ある調和」の理想は、今こそ内外で必要とされているのではないでしょうか。

百地　昨年あたりには新元号の発表が遅れれば遅れるほど、元号離れが進むという報道がありましたが、実際、いざ発表されてみると、国民的フィーバーと言えるほど、国民の多くが新元号を歓迎しているようで、うれしく思いました。5月1日から始まる新しい御代を迎える喜びが湧いてくるような気がします。

新元号の印象ですが、「令」と聞いて最初は命令という言葉が浮かんで、堅いかなという感じがしたのですが、今お話があったように、令嬢、令息のように「良い」という褒め言葉でも使われる。

出典の万葉集では「令月」を「よきつき」と読ませている解説書もあります。だから、「令和」の令も、出典をもとに考えれば「良い」という意味の形容詞と見るのが自然ですね。「時に初春《はつはる》の令月《よきつき》にして、気淑《よ》く風和《なご》み、梅は……披《ひら》く」というのは文章としてもいいし、なかなかいい元号だなと思いました。安倍首相も「人々が美しく心を寄せ合う中で、文化が生まれ育つという意味が込められています」と言っておられます（＊1）。

この新元号のもとに天皇と国民が元号に込められた理想や願いの実現を目指して共に歩む新しい時代を築き上げたいと思います。

ちなみに「令和」を英文ではどう訳しているか。イギリスのＢＢＣ放送は「order and harmony（秩序と調和）」と訳しています。ウォール・ストリート・ジャーナルは、「auspicious peace（縁起がよい平和）」、イギリスのガーディアン紙は、新元号は「fortunate（幸運）」「auspicious（幸先の良い）」と「peace（平和）」「harmony（ハーモニー）」を意味する、と報じています。

田尾　英訳としては「orderly harmony」がいいと思いますが、「right and good harmony（正しき良き調和）」でもいいと思います。

――日本の外務省は在外公館に対して、「令和」は「Beautiful Harmony（美しい調和）」という趣旨だと伝えるように指示したとの報道がありました。

百地　安倍首相も「ビューティフル　ハーモニー」を意味すると言っていますよ。

田尾　ハーモニーというのはオーケストラのイメージですね。さまざまな楽器が集まってそれぞれの音色を出し合い、指揮者のもとで仲良くまとまって調和のある一つの曲、美しい音楽になる。典拠となった万葉集巻五「梅花の歌三十二首」の序文は、いわゆる「歌会の宴」で、大宰府長官だった大伴旅人《おおとものたびと》が主宰して、梅の花を愛でる歌を一人ひとりがつくって披露しあったときのものです。

万葉集のすばらしさ

田尾　万葉集の歌の中には、国司が赴任地の歌を書きとめたもの、例えば、文字を書けない東国の農民や防人《さきもり》などが口誦したものを国司が文字に書き取って朝廷に上げたものなども集められている。万葉集の特色は、上は天皇、貴族から下は農民、防人などの庶民にいたるまで、階級や身分の差をこえてそれぞれの歌が収録されていることです。故・渡部昇一先生は、これを「和歌の前の平等」と言いました。現在の宮中での「歌会始」の儀もまさに和歌の前の平等ですね。

百地　「法の前の平等」（法の下の平等）は、近代ヨーロッパで唱えられ始めますが、それより数世紀前に、日本には、「和歌の前の平等」があった。文学作品も英国のシェークスピアが16世紀なのに対して、日本の紫式部の源氏物語は11世紀で、万葉集はさらにさかのぼること8世紀ですからね。今回の報道でそれを知った海外の人たちも驚いていると思います。

田尾　改めて現在の日本人がそのことを知らなければいけません。私が学生のころは、万葉集といえば学生の基本的な教養本でした。男子はそこにますらをぶりを求めたものでした。素晴らしいと思うのは、大伴家といえば編者といわれる家持が有名ですが、武門の名家なんです。その大伴家の当主が歌人でもあって、歌会を主宰しているのです。敷島の道――和歌の道は古くから武人のたしなみでもあった。まさに文武両道ですね。

――冒頭ご指摘がありましたが、漢籍ではなく史上初めて国書から採ったというのは意味がありますね。

百地　新元号が初めて国書から採用され、万葉集が改めて脚光を浴びることはとてもいいことだと思います。ただ元号の選定に関しては、漢籍でも日本の古典でもどちらでもこだわる必要はない、と私は以前から言ってきました。どんな理想、願いがこめられているかが大事だと思います。

田尾　その通りですね。私も国書からの採用で良かったと言いましたけれども、そのことによってナショナリズムの高揚を、などという気はありません。恩師の葦津珍彦《あしづうずひこ》先生がいつも言っておられたことですが、「学は天下の学にして、ひとり私すべからず」です。元号はもう日本人だけのものです。出典が中国のものであっても、良いものは人類が共有すべきものという考え方です。それこそが世界の平和と人類の幸福を願う日本の天皇の精神でもある。国民一人ひとりがその元号に何を託して、一人ひとりが新天皇と共にいかに新しい御代を形作っていくか、それが大事なのです。

百地　日本国民が日本人の来歴をきちんと認識し直すことが大事だと思います。その意味では、これから先、即位の礼、大嘗祭をはじめ一連の御代替りの儀式が続く中で、どうしてそういう儀式が行われるのか、等々勉強してほしいと思いますね。

田尾　学校教育でもきちんとしてほしいですね。せっかく万葉集に光が当てられたわけですから、その名歌を鑑賞すると共に、それが編纂《へんさん》されたことの意味や古代の人々の思いに触れてほしい。当時愛でられていたのは桜ではなく、梅や萩だったとか、万葉集の植物や日本の自然への関心を深めるのもいいことです。

百地　当時、「花」といえば、桜ではなく梅だった。

田尾　梅は寒中に花開き、香りも良いし、実も梅干として健康に益している。

――最後にあまり触れたくはないのですが、日本共産党の志位委員長が「元号は、もともとは中国に由来するもので、『君主が空間だけでなく時間まで支配する』という思想に基づくものである。それは日本国憲法の国民主権の原則になじまない」と批判しています。

百地　それは為にする批判であって、彼らは本気でそんなこと思っていませんよ。ちょうど、前回の大嘗祭のときに、キリスト教徒の一部が「大嘗祭は天皇が神になる儀式だ」と批判していたのと同じ。キリスト教徒がそんなことを信じているはずがない。

そういえば、中国人が「漢字も元号も俺たちの国が最初だ」と言っているのをネットで見ましたが、「そうですか。ところで今の若い中国人たちは漢字をどれだけ知っていますか。古典も読めないでしょ。近代用語の7割近くが和製漢語なんですよね」と言い返せばそれで終わりですよ。

――さきほどの「学は天下の学」ということですね。

田尾　そうです。他の国はともかく元号フィーバーを一過性のものにするのではなく、日本人自らが伝統や文化を大切にして、しっかりと学びを深める機会としたいものです。

平成の御代のおことばを拝しつつ

――次に、「平成の御代をふりかえって」のテーマに移りたいと思います。まず、両先生とも2月24日の政府主催の天皇陛下御在位三十年式典にご招待されておられますので、そのご感想から。

田尾　非常に感動いたしました。首相はじめ三権の長の挨拶等があり、祝賀演奏がありましたが、やはり何と言っても最後の天皇陛下のおことばは特に印象に残りました。御在位三十年のお祝いというよりも、これが最後になるんだなという気持ちがこみ上げてきて、胸が熱くなりました。

百地　私も同じです。両陛下がご退場される際の名残惜しそうなご様子が胸に迫りました。

田尾　またお戻りになって……じーんときましたね。

百地　おことばで印象的だったのは、「感謝」という言葉が３回出てくるんですね。感謝申し上げなければならないのは、私たち国民のほうです。なのに、「天皇としてのこれまでの務めを、人々の助けを得て行うことができたことは幸せなことでした」とおっしゃって、大変畏れ多いと恐懼《きょうく》いたしました。会場は、陛下のおことばによって厳粛な中にも温かい雰囲気に満ち溢れていたと感じました。

――ご譲位のご意思を表明になった「象徴としてのお務めについて」（平成28年８月８日）をはじめ、最後の天皇誕生日に際してのおことば（平成30年12月20日ご会見）、そして政府式典でのおことばの３つは、いずれもお心のこもったもので、内容も深いものがあると拝察します。陛下のおことばについてお伺いいたします。

田尾　３つのおことばに共通していて印象に残るのは、象徴というお立場についての模索に言及なさったところです。式典では、「憲法で定められた象徴としての天皇像を模索する道は果てしなく遠く」とおっしゃって、続けて「これから先、私を継いでいく人たちが、次の時代、更に次の時代と象徴のあるべき姿を求め、先立つこの時代の象徴像を補い続けていってくれることを願っています」と。

憲法第１条は「天皇は、日本国の象徴であり日本国民統合の象徴であつて、この地位は、主権の存する日本国民の総意に基く」とありますが、では、象徴とは何か、象徴について誰も確固たる働きや定義づけができない。そのような中で、天皇陛下お一人のみがその大変な地位を担い、その地位にふさわしい実質と行動を求めていらっしゃった。「象徴としてのお務めについて」のおことばでは、「全身全霊をもって」という表現をお使いになっている。

私は恐懼し申し訳ないと思うのですが、一体そのような苦悩とご負担をお掛けしているもとは何かといえば、やはり憲法なんですね。他の一般の君主国であれば、当然のことながら国王は元首とされていますから、元首にふさわしい行動やはたらきも明確だと思うのですが、日本国憲法ではそれが全くあいまいになったままです。第1条で法律用語としては意味が定かでない「象徴」の地位にまつりあげ、さらに第4条では、天皇は「国事に関する行為のみを行ひ、国政に関する権能を有しない」と縛っている。ではいったい天皇は何をすればよいのか。常に憲法に抵触しはしないかと意識しながら行動しなければならない。実に不条理な憲法だといわねばならないのです。

202年ぶりのご譲位につながるおことば

百地　陛下が象徴としてのあり方を模索してこられたことを国民がはっきりと意識するようになったのは、やはり、3年前の「象徴としてのお務めについてのおことば」だったと思います。しかもそれがご譲位という202年ぶりの出来事の出発点となったことを思いますと、ここで改めて、ご譲位ということについて振り返ってみたいと思います。

最初NHKの報道があったときには、にわかには信じられませんでした。なぜなら、陛下は立憲君主として憲法の枠内でということを常に意識してこられましたし、憲法に「世襲」とあり、皇室典範には崩御のとき以外の御代替りは規定されていなかったからです。ですから私は当初はご譲位には反対で、摂政を置く道があることを主張しました。ところが8月8日のおことばを拝聴して私の考えは大きく変わりました。

深刻にお悩みになった上でのご意見の表明だったと感じたのです。「天皇の高齢化に伴う対処の仕方が、国事行為や、その象徴としての行為を限りなく縮小していくことには、無理があろう」とおっしゃっている。そして、摂政を置くことも考えられるけれども、「この場合も、天皇がその立場に求められる務めを果たせぬまま、生涯の終わりに至るまで天皇であり続けることに変わりはありません」とおっしゃいました。

そして、「何よりもまず国民の安寧と幸せを祈ることを大切に考えてきました」と。つまり、陛下は、天皇としての務めで一番大事なのは国民の安寧と幸せを祈るお祭り、祭祀だとおっしゃっているのです。また、「同時に事にあたっては、時として人々の傍らに立ち、その声に耳を傾け、思いに寄り添うことも大切なことと考えて来ました」とおっしゃっています。

実際、陛下は祭祀を厳修され、国内外を行幸になって被災者を慰め、戦歿者を慰霊され、人々の声に耳を傾けてこられました。

保守派の中にも、ご健康に差し障りがあるときは、ご公務は皇族方にお任せになり、陛下にはお祭りだけをしていただければいいと言う方もいましたが、陛下はその先を見ておられた。その祈りつまり祭祀さえもできなくなったときに、なおも天皇の地位にいてもいいのかと。医学が進歩して、かつては考えられないほど寿命が延びましたが、同時に高齢化に伴う病気も増えている。長期間にわたり天皇が寝たきりになられることもあり得る。そういうことまでお考えになられた上でのご譲位のご意思であられたのです。私は納得いたしました。

田尾　8月8日のおことばには「天皇の終焉に当たっては、重い殯《もがり》の行事が連日ほぼ2カ月にわたって続き、その後葬儀に関連する行事が、1年間続きます。その様々な行事と、新時代に関わる諸行事が同時に進行することから、行事に関わる人々、とりわけ残される家族は、非常に厳しい状況下に置かれざるを得ません。こうした事態を避けることは出来ないものだろうかとの思いが、胸に去来することもあります」とおっしゃっています。関係者から話を聞いてみますと、殯と諒闇《りょうあん》、先帝の御大喪と時を同じくして新帝の諸行事を進めるのは本当に大変のようなんですね。今回、ご譲位でそれが回避されるということになったので、陛下も、そして皇太子殿下もよろこばれ、安堵なされたのではないかと思います。また、先帝への感謝の行事が続く間に、国民が平成の御代を回顧する時間的余裕も生まれた。ですから、こういう形もあって良かったかなと思います。

百地　同感です。基本的には崩御によって御代が替るというのが原則であり、例外的にこのような譲位という形もあるということだと思います。

――政府式典の前後には、全国各地にお祝いの記帳所が設けられて、国民の多くが訪れました。平成の御代30年に対する国民の声を陛下がお聴きになるのもいいのかなと。

田尾　陛下もおよろこびになり、国民も哀しみではなく冷静に、感謝と反省の気持ちをもって平成を回顧できますね。

百地　また、ご譲位の場合は、上皇様が新帝陛下を見守られることもできます。特に皇太子妃殿下のご病気のこともありましたし、両陛下には新しく天皇になられる皇太子殿下と皇后になられる妃殿下を後ろから支えてあげたいとのお気持ちもあられたのかもしれないと思いました。

田尾　おことばからご譲位の実現にいたる過程で、国民が陛下のお気持ちを知り得て君民の心が一体になったという感じがしたことも良かったと思います。

平成の御代に刻まれた君民の絆
――国民の「奉祝の声」を紐解きながら

――御即位30年に寄せられた各界からの奉祝文を読みますと、陛下と国民の心の通い合いが現れています。そこで平成の御代を振り返るよすがとして、この奉祝の声の中から印象的なものをご紹介いただきたいと思います。

田尾　全部読ませていただいて、陛下がここまで広い分野にわたり関わっておられたのかと、改めてその大きさに驚きました。スポーツ界に限っても国技の相撲から、野球、レスリング、ソフト(軟式)テニス、そしてダンスなどの協会があって、天皇賜杯が出ているところもある。

例えば、日本ソフトテニス協会の大会に賜杯が出されています。ちなみに、日本発祥のソフトテニスには、かつて旧国鉄の人達が鉄道の技術協力でアフリカのケニアに赴任したとき、ソフトテニスを紹介したところ、アフリカの学校に広がっていったというエピソードがあります。

あるいは、学界からも称賛の声が上がっています。例えば、ノーベル化学賞受賞者の野依良治《のよりりょうじ》氏が、「リンネ生誕300年」記念行事ご出席のためヨーロッパをご訪問になる両陛下に、首席随員として随行したときの感銘を綴《つづ》っています。陛下はハゼ科の魚類の研究の世界的権威でもあり、また科学の各分野に深い関心と興味をお持ちで、そのご姿勢が各国で絶賛されたことを紹介しています。最後にロンドンで陛下が格調高い講演をなさったとき、英国の地質学会会長が「科学立国の日本が科学者天皇を戴いていることは、世界にとっても大きな励ましになる」と言ったことに「胸が熱くなった」と書いておられます。

日本歯科医師会の堀憲郎氏は、新潟県中越地震で被災者に医療提供しているときに、両陛下がお見舞いにお越しになり、被災者の心の支えとなっただけでなく、自分たちも使命を果たす勇気を与えられたと語っています。

その他、農業、林業、漁業などの一次産業から、電気事業など産業界や商工界、各種芸術分野、障害者や介護福祉など実に多種多様な分野から感謝の声が寄せられている。我々が知らないところであらゆる団体、業界、職種の国民と触れ合われ、皇后陛下とともに大きな影響を与えておられたのですね。

百地　この機会に、なかなか知られていなかった両陛下、そして皇室の国家、社会に対する影響力の大きさを認識したいですね。

――どの国民の中にも深い印象を刻まれている。

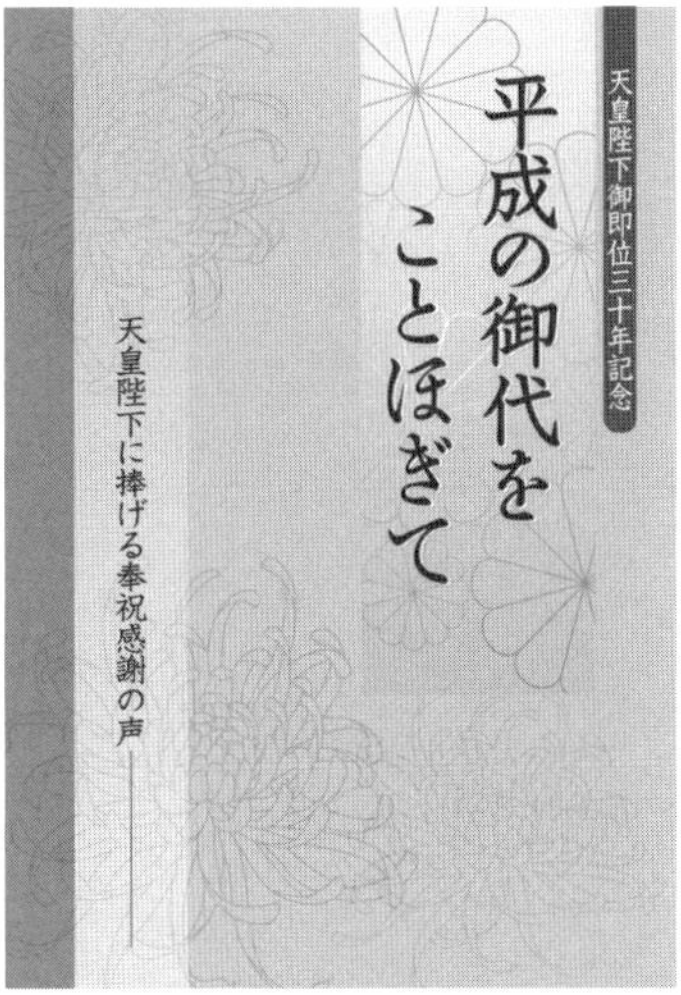

明成社刊『平成の御代をことほぎて』
各界275名の奉祝文が掲載され話題に

田尾　それはやはり陛下の無私と仁慈の心の純粋さに魅了されたのだと思いますね。利害関係、あるいは政治的な意図などをもった政治家や企業家、著名人などによる激励とは次元が違うのです。陛下は人々の話に真摯に耳を傾けられ、一視同仁のまなざしで人々の心を包み込まれるのですね。

百地　その無私と純粋さは陛下のお人柄であり、生まれながらのものと陛下のご努力の賜物だと思います。と同時に、陛下おひとりの人格でなく、やはり2000年以上にわたる皇室の伝統だと思います。仁徳天皇の「民のかまど」のエピソードや奈良時代に施薬院《せやくいん》を開かれた光明皇后のご事跡などは福祉へのご姿勢の原型ですね。

――日本身体障害者団体連合会会長の阿部一彦氏が、「障害者への社会の理解が進まないとき、両陛下が支えてくださいました」と奉祝文を寄せておられます。光の当たらないところに光を当てて、国民の興味関心を喚起しておられる。

百地　そうです。パラリンピックも東京オリンピック時、当時、皇太子であられた陛下のご発案で、世界に広がっていったのですね。そういう我々の知らないところでの陛下の影響力の大きさを奉祝の声は伝えてくれていますし、それはまた民間の奉祝委員会に各界から続々と参加があったことにも表れていると思います。

田尾　天皇陛下は憲法の象徴というお立場にとくに気を遣っておいでですが、それ以上にご自身の行動の指針を歴史に求められていると感じます。歴代天皇が何をなさって来られたかということをご自身でたどられて、それを今の世にうつして行動しておられる。それが憲法に規定されている「国事行為」以外の公的行為と呼ばれている多くのご活動の元になっていると思います。

天皇陛下の「しろしめす」「きこしめす」精神

百地　天皇の国事行為以外の公的行為つまり「象徴行為」は、現行憲法には直接的には規定されていませんが、「象徴」というお立場に伴う行為とされています。その中身をみますと、そこでなさっていることは、まさに伝統的な天皇統治の精神「しらす」そのものです。国民生活を「しろしめす」つまりお知りになり、国民の声を「きこしめす」お聞きになるということです。先ほど触れました8月8日のおことばでいえば、「事にあたっては、時として人々の傍らに立ち、その声に耳を傾け、思いに寄り添うこと」ということですね。離島も含め国内各地を隈なくご巡幸されたことは、古代の国見《くにみ》と同じご精神なんですね。

田尾　そうです。国見はかつて遠い昔、宮中からあまり外に出られなかった天皇が、大和の高台に立たれて国全体の様子を推し量られたわけですが、近代になって交通が発達するにつれて、ご巡幸でお出ましになる範囲が広がり、今では、遠い島々にもお出かけになられるまでになりました。

――『旅する天皇』（竹内正浩著）という本によりますと、平成の御代の行幸の総距離は62万キロを超えているとのことです。これは地球を15周半する距離にあたります。

田尾　精力的なご姿勢には頭が下がりますね。交通が発達していなかった時代でも、代りに侍従などを派遣して報告させたりしています。

例えば、東日本大震災のときに千年に一度といってクローズアップされた平安時代の貞観の大地震で、清和天皇は「朕が親しく観るがごとくせしめよ」とお命じになって侍従を陸奥の国に派遣されています。今でも陛下は現地ご訪問が叶わないときは、関係者を宮中に呼ばれて情報を集め、被災の実情をくわしく聴いておられます。

百地　お心配りには大変なものがある。被災地のお見舞いに行かれる際も、迷惑をかけてはいけない、かといって遅くなりすぎてもいけないと日程や交通手段など相当気を付けていらっしゃる。

田尾　1県内に収まるような災害であれば、県知事に侍従を通じてお見舞いをお伝えになったり、お見舞金を下賜されたりしていますが、東日本大震災のときには被害が5県にまたがっているし、すぐに行かれる状況ではなかった。それで、菅直人《かんなおと》首相の官邸にお見舞いのおことばを伝達になったらしいんだけれども、らちがあかず、何とかご自身のお気持ちを直接国民に伝えられないものかと強くお考えになり、宮内庁長官や侍従長らとご相談の上であのようなビデオメッセージによるテレビ放映という形が取られたということを聞きました。

それは、被災者に対するお見舞い、救援活動を続ける人々へのねぎらい、海外からのお見舞いへの感謝など実にお心配りの深い内容でした。

――「平成の玉音放送」として、ライフラインが途絶えている被災地に映像を届けようという動きもありました。

田尾　そうでしたね。「自衛隊、警察、消防、海上保安庁をはじめとする国や地方自治体の人々」と、救援活動のおことばのトップにはじめて自衛隊が配されたことも話題となり、自衛隊員は大変力づけられたといいます。実際、これ以降、献身的な自衛隊の活動がメディアにも取り上げられるようになり、自衛隊への国民の評価は格段に高まりました。

また、「海外においては、深い悲しみの中で、日本人が、取り乱すことなく助け合い、秩序ある対応を示していることに触れた論調も多いと聞いています」とご指摘になりました。先の政府式典でのおことばの中に「民度」という言葉がありました。象徴としての務めを果たすことができたのは、「過去から今に至る長い年月に、日本人がつくり上げてきた、この国の持つ民度のお陰でした」とおっしゃったのです。「不幸にも被災の地で多くの悲しみに遭遇しながらも、健気に耐え抜いてきた人々、そして被災地の哀しみを我が事とし、様々な形で寄り添い続けてきた全国の人々の姿は、私の在位中の忘れ難い記憶の一つです」と。

――被災地といえば、平成最後となった今年の歌会始で、陛下は、「贈られしひまはりの種は生え揃ひ葉を広げゆく初夏の光に」とお詠みになりました。このヒマワリは、阪神淡路大震災で犠牲になった加藤はるかさん（当時小学6年生）の自宅の跡地にその年の夏に咲いたヒマワリの種を、鎮魂と復興の象徴にと地元の人々が全国に広げたもののひとつを、陛下が御所のお庭でお育てになっていたものだということですが、そのはるかさんのお姉さんで『はるかのひまわり』の著者の加藤いつかさんが奉祝文を寄せていたことも印象的でした（＊2）。

田尾　陛下がヒマワリの種を播《ま》かれたのが平成17年ということですから、14年間にわたり、毎年、お育てになってこられたわけですね。陛下の「思いに寄り添う」「長く心を寄せる」「見守り続けていく」ということが、いかに具体的な実践の上にある内実の伴った深いお言葉であるかということを象徴するエピソードですね。

著名人によるエピソードの数々

――映画監督でタレントの北野武さんが奉祝文の中で、「（象徴としての）望ましい在り方もずっと求め続けていらしたのではないか。だからこそ寄り添って発せられるお言葉があれほどの感動を与えることができるのではないか」として、「このような陛下のいる日本という国に生を受け、幸せに思います」と綴っています。

田尾　北野さんは感覚が鋭い方だと思ったのは、彼が伊勢神宮に初めて参拝したときの感想を聞いたときでした。「自分のお願い事なんか吹っ飛んでしまって、ただ神聖な気持ちになった」とテレビの特番の中で感動していました。その放送があって後、神宮には若者の参拝が増えたといいますから、影響力が大きいんですね。

――陛下に救われた体験を綴ったものとして、ミュージシャンのＹＯＳＨＩＫＩさんの奉祝文も印象深いですね。

百地　御即位十年の国民祭典で御前演奏したときの話ですね。「モーツァルトが宮廷で演奏したように」と書いていましたが、そういうことがパッと脳裏に浮かぶというのは、やはり並の感覚ではないと思いました。

田尾　歌手で俳優の武田鉄矢さんの「テレビが来た日」というタイトルの文もよかったですね。両陛下の結婚祝賀パレードを観るために旋盤工だった父がテレビを買ってきてくれて、「これから日本は良うなるぞ、きっと良うなる」と、こぶしで頬をぬぐって涙していたという下りなどはドラマのようですね。当時、私は高校の修学旅行で雲仙のホテルでテレビを観た事を覚えています。

百地　あのご結婚で、一挙にテレビが普及しましたね。4月10日は両陛下のご結婚60年の記念日です。民間の奉祝式典はこの日に開かれます。

――平成の御代と自分の人生を重ね合わせている方も多いですね。サッカー元代表のラモス瑠偉さんは、昭和から平成へ移った年に日本国籍を取得したといいますし、将棋棋士の羽生善治さんは、タイトル戦の対局などで訪れる各地の旅館などで両陛下のご足跡を拝した体験を綴っておられます。フィギュアスケートの羽生結弦さんは、東日本大震災で自身も被災し、その中で復興への思いをこめてスケートに取り組もうとしたとき、両陛下から背中を押していただいているような気がしていたと吐露しています。

百地　それぞれの人生の物語が、平成の御代の中にあったということですね。

田尾　まさに陛下のお力ですね。天皇の御代と共に生きる同時代的感覚を国民が共有することで同胞感が強まり、日本人が精神的に統合されていくことが大事なことだと思います。

「しらす」と祈り、祭政一致の伝統

百地　尚美学園大学名誉教授の梅澤昇平氏が「諸外国の激しい権力闘争を耳にするたびに、日本には、政争から屹立《きつりつ》する、こんな素晴らしい皇室があるのだと、改めてその存在に感謝いたします」と書いておられます。君主制の良さは、中心が変わらないということです。共和制はしょっちゅうトップが変わる。中心が変わらないからこそ、人々の思いが同時代的に連続的に蓄積されていくわけですね。

――俳優で画家の片岡鶴太郎さんが「御祈りなされる天皇陛下の御姿を拝見する度に心打たれ、胸熱く致して居ります」と言っておられます。世界のどんな君主とも違う、祈りの伝統、祭祀王の性格を天皇に見出しておられる方も多いように思います。

百地　繰り返しになりますが、8月8日のおことばでも「何よりもまず国民の安寧と幸せを祈ることを大切に考えてきました」「常に国民と共にある自覚を自らの内に育てる必要を感じて来ました」とおっしゃっているように、天皇にとって最も大切なお務めはお祭り、祭祀です。

三島由紀夫氏が言っていましたね。「共和制と君主制の違いは世襲かどうかであり、君主制と我が国の天皇の違いは祈りがあるかどうかということだ」と。

聖と俗があって、かつての君主は両方を兼ねていたこともありましたが、ヨーロッパにはローマ教皇がおられて、君主が俗の部分を担い、法皇が聖の部分を担うというように役割が分かれたんですね。イギリス王室だけは聖の部分にも一部かかわっていて例外ですが。つまり世俗化した君主が世界の君主国の大半であるのに対して、我が国の皇室は、聖と俗の両方の世界を司《つかさど》っているのです。

田尾　おっしゃる通りです。さらに付け加えますと、宗教人の祈りと天皇の祈りはちがいます。宗教人は教会で祈っている存在であるのに対して、天皇は「事にあたっては、時として人々の傍らに立ち、その声に耳を傾け、思いに寄り添う」存在であられる。すなわち日本国民を「しらす」という天皇としての重大な務めを伴っての祈りだということです。民の実情を深くお知りになって神々に祈られる。これが日本の「まつり」と「まつりごと」、すなわち天皇において「祭」と「政」が一致しているところですね。

（＊１）安倍総理記者会見での発言

本日、元号を改める政令を閣議決定いたしました。

新しい元号は「令和」であります。

これは「万葉集」にある「初春の令月にして　気淑《よ》く風和《やわら》ぎ　梅は鏡前の粉を披《ひら》き　蘭《らん》は珮後《はいご》の香を薫《かおら》す」との文言から引用したものであります。そして、この「令和」には、人々が美しく心を寄せ合う中で文化が生まれ育つという意味が込められております。

「万葉集」は、１２００年余り前に編纂《へんさん》された日本最古の歌集であるとともに、天皇や皇族、貴族だけでなく、防人や農民まで、幅広い階層の人々が詠んだ歌が収められ、我が国の豊かな国民文化と長い伝統を象徴する国書であります。

悠久の歴史と薫り高き文化、四季折々の美しい自然、こうした日本の国柄をしっかりと次の時代へと引き継いでいく。厳しい寒さの後に春の訪れを告げ、見事に咲き誇る梅の花のように、一人ひとりの日本人が明日への希望とともに、それぞれの花を大きく咲かせることができる、そうした日本でありたいとの願いを込め、「令和」に決定いたしました。

文化を育み、自然の美しさをめでることができる平和な日々に心からの感謝の念を抱きながら、希望に満ちあふれた新しい時代を国民の皆様とともに切り拓いていく。新元号の決定に当たり、その決意を新たにしております。

元号は、皇室の長い伝統と、国家の安泰と、国民の幸福への深い願いとともに、１４００年近くにわたる我が国の歴史を紡いできました。日本人の心情に溶け込み、日本国民の精神的な一体感を支えるものとなっています。この新しい元号も広く国民に受け入れられ、日本人の生活の中に深く根差していくことを心から願っています。

（＊２）《よくテレビで「心を寄せて」というフレーズを聞くことがありました。私はその意味をあまり理解できてはいませんでした。それが今回の歌会始で実感できました。》（加藤いつかさんの奉祝文より）

第二章

御代替りにあたっての諸課題

「即位後朝見の儀」でお言葉を述べられる天皇陛下
（令和元年５月１日、皇居正殿松の間）

「退位」ではなく歴史上の「譲位」の語を

――次のテーマ「御代替りにあたっての諸課題」に話を移したいと思います。まず、用語の問題ですが、私たちは「御代《みよ》替り」という言葉を使いますが、メディアだけでなく宮内庁でさえ「お代《だい》替り」という表現を使っています。この点について。

百地　私も気になって、専門家の方にお聞きしてみました。すると、古書の中には「お代替り」という言葉が出てくるそうで、宮中においてはそれでいいのだと。

田尾　世間でも代々世襲の会社などで社長が代わるときなどに「代替り」するという。これに「お」という敬意を表す接頭語がつくと「お代替り」となるわけです。ただ、天皇の治世を尊んで御世とも御代とも言っていましたから、国民の側からは「御代替り」という言葉を使ったほうがふさわしく美しいと思いますので、皇室に対しては「御代替り」を使うようにしたいものです。

百地　語感的にも、昭和の御代、平成の御代といいますから、その「御代」が代わるのだから「御代替り」のほうがしっくりきますね。

――もう一つ、用語の問題で、「退位」と「譲位」について。4月30日の「退位礼正殿の儀」で陛下のおことばでは、退位という表現をお使いいただくように官邸側が要請しているという読売新聞の記事が出ました（3月1日）。陛下は一貫して「譲位」という言葉を使っておられるのに、それをやめさせようというのは実に不敬だと思いますが。

百地　法律論からいえば、「退位特例法」（正式名は「天皇の退位等に関する皇室典範特例法」）という法律名となっているので、退位というべきだというのは一応理屈は通ります。しかし、なぜ譲位という言葉を使わなかったのか、という説明がおかしいんです。譲位というと、天皇の意思が入る、すると「国政に関する権能を有しない」という憲法に違反する、というんですね。

しかし、憲法には「（天皇の）地位は国民の総意に基づく」とあるわけですから、世襲である天皇が次の代に位を譲られる（譲位）とおっしゃったとしても、国民の総意に基づくその地位は変わらない。国民主権を否定するわけでもなんでもないのです。ですから、陛下が歴史的伝統的な「譲位」という言葉を使うことまで干渉するというのは考えすぎだと思います。

田尾　法律用語と制度の用語は違ってもいいんです。中身が同じなら、美しい表現を伝統的な制度用語として使った方がいい。やはり「退位」という語感はよくない。恣意的退位とか、退位させられるといった、誤解を招きかねない。

百地　歴史的には「譲位」という言葉しかなかった。ですから、「生前退位」などという表現がメディアに出たときに、皇后陛下は胸を痛められたんですね（＊1）。

田尾　皇后陛下は陛下の御心を代弁しておっしゃっている。そのお気持ちをどうして汲み取って差し上げないのか。百歩譲っても立法前なら、政治的なご発言になりかねないと議論する余地はあったかもしれない。しかし、すでに国会が全会一致で陛下のご譲位の意思を汲み取った法律が出た後なんですから、何の政治的影響も出るわけがない。どうぞご自由に使って下さって結構ですと申し上げるべきです。使わせないというのは、政府と内閣法制局の解釈判断がよくないと思う。

憲法第４条の規定と解釈問題

百地　日本国憲法４条には、「天皇は、この憲法の定める国事に関する行為のみを行ひ、国政に関する権能を有しない」と定めています。この条文を根拠に、憲法学者たちは、天皇は一切政治とかかわってはならないのだと解釈しています。つまり、この条文から「国事」は形式的なものであり、「国政」は実質的なものと決めつけるのですが、「国事に奔走する」という言葉もあるように、「国事」＝形式的なものなどとは言えません。とすると、この条文は一方では一定の国事つまり政治にかかわることを認めながら、他方では国政にはかかわってはならないと矛盾したことを言っていることになります。

ですから正しくは、天皇はこの憲法の定める「国事行為」を行うが、「その他の国政上の権能は持たない」と解釈すべきで、天皇は政治と一切かかわってはならないなどといった意味は出てきません。あくまで党派政治とかかわってはならない、あるいは国政に影響を与えてはならないというだけです。事実、天皇の象徴としての行為、公的行為も広い意味では政治的意味を持つわけですから。

田尾　一番すっきりするのは、憲法第4条を改正して、「天皇は国の元首であり、この憲法の定める国事に関する行為を行う」とだけ規定するのがいい。そうすれば、「国事に関する行為」という義務的行為以外の、解釈上許されるとされている象徴としての公的行為は、元首に付属する一般的な行為として堂々と位置付けられます。

——憲法の問題にまで行き着くわけですね。

百地　条文上の不備に加え、それ以上に問題だったのは憲法学者たちです。とりわけ問題だったのがいわゆる宮澤憲法学で、これが悪影響を及ぼしてきました。東大の憲法学の教授だった宮澤俊義氏が唱えたおかしな憲法解釈がいまだに政治家や官僚を縛っているのです。宮澤氏の著書『全訂日本国憲法』、通称『憲法コメンタール』では「わが国はもはや君主制ではなく、共和制だ」としているし、「天皇は内閣の意のままにめくら判を押すロボットのような存在だ」と書いてある。受験生はそういうテキストを一所懸命に勉強して公務員試験や司法試験に臨み、官僚や弁護士さらに政治家になっていった。

いずれにせよ、憲法に元首という言葉が入っていれば問題なかったはずなんですね。ただし、現行のままでも理論的には、天皇は日本国の元首です。元首だからこそ日本国の象徴といえるのです。例えば、日の丸も日本の象徴ですが、それは日の丸が日本の国旗だから、日本の象徴と言えるわけで、国旗でなかったら日本の象徴とは言えない。天皇も元首だから日本の象徴たり得るのです。

田尾　本来、象徴というのは、世襲の国家元首の属性を示す言葉にすぎないものなのです。わかり易くいえば、国旗日の丸は日本国の象徴であるが、天皇は万世一系のご存在ですから、日本国のいいいい連続性の象徴であるということだと思います。

元号への国民的関心の高まり
――共産党も元号使用へ

――さて、次は元号をテーマとしたいと思います。冒頭、新元号のご感想をお伺いしましたが、国民的関心も高かったと思います。

百地　元号離れといわれることもありましたが、決してそんなことはなかったわけですね。共産党の機関紙『しんぶん赤旗』でさえ、日付の書き方を2年前（＊2）から西暦のみの表記から、西暦（元号）という併記に変えていますし、今後も元号を使用すると言っています。読者からの要望に沿ったものと聞きました。

田尾　読売新聞、朝日新聞と同じになった。

百地　そういう国民意識を知れば、いかに一部の役人の発想がそれと遊離しているかがわかります。

――運転免許証の有効期限欄を西暦に一本化し

ようとした件（＊3）ですね。

百地　パブリックコメント約2万件のほとんどが元号表記、もしくは併記の意見でした。それで西暦一本化という役人のもくろみは崩れ、元号が残りました。国民の常識の勝利でした。それにしても危なかったですね。もし免許証が西暦一本になっていたら、他の公文書もすべてそうなっていった可能性があります。

――折しも、御代替りを控え、「平成最後の～」というフレーズや関連商品、新元号の予想など改めて国民の元号への関心の高さが明らかになりました。国民意識からずれている役人の感覚には呆れますが、せっかくですので、なぜ元号が平成から新元号にスムーズに移行できるのかという戦後の歴史をこの機会に振り返っていただきたいと思います。

「元号法」制定のいきさつ

百地　元号法のことですね。まずは元号の歴史を簡単に振り返ってみますと、最初の元号は大化で、奈良時代以降、若干の例外を除き、歴代天皇は践祚《せんそ》（即位）されると必ず改元を行ってこられました。つまり、「代始《だいはじめ》改元」が基本で、国家の安泰と国民の幸福を込めて改元を行われてきました。このほか災害や飢饉などの災いが起こったときに、それらを断ち切るために改元を行った災異改元や、おめでたい兆候が現れた時の祥瑞《しょうずい》改元、そして讖緯《しんい》説（辛酉《かのととり》や甲子《きのえね》の年には大きな社会変革が起るという説）に基いた革年改元などもあります。こうして、大化から平成まで２４７の元号が登場し、新元号の「令和」が２４８番目の元号となりました。
明治元年に行政官布告で「一世一元」が定められ、明治22年に制定された旧皇室典範では第12条で「践祚ノ後元号ヲ建テ一世ノ間ニ再ヒ改メサルコト明治元年ノ定制ニ従フ」と定められました。そして、これが近代における元号制定の法的根拠となりました。ところが、敗戦後、ＧＨＱの占領下に制定された現行の皇室典範ではこの元号の規定がなくなってしまった。

それでどうしたかというと、政府は当初、成文法上の根拠規定はなくなったけれども、明治元年の行政官布告は有効であり、将来もこれに基いて新元号の制定は可能と解釈していました。しかしその後、政府見解は次第に後退し、元号は慣習にすぎない（昭和36年）、さらに元号は昭和まで（昭和50年）ということになってしまいました。

そこで、このままでは元号が危ない、昭和のあとも元号を続けていくためには、やはり法的根拠を定める必要があるということで、元号法制定の運動がわき起こっていったのです。

——昭和50年頃が転機だったのですね。

百地　地方議会決議が次々と上がり、青年による全国遊説のキャラバン隊も結成されました。私も愛媛の地で「元号法制化実現愛媛県民会議」を結成し、日本武道館で開かれた元号法制化の全国決起大会にも、議長さんのお伴をして参加しています。

田尾　大変な盛り上がりでしたね。

日本武道館で開催された元号法制化実現総決起国民大会（昭和 53 年 10 月 3 日）

百地　こうして地方からの声が国会を動かし、昭和54年6月4日、元号法が参院本会議で可決成立しました。地方からの草の根的運動からの広がりという点で、日本会議の運動の原点のひとつは元号法制化運動にあったと言えますね。

――当時、一番の論点になったのは？

百地　反天皇の立場の人たちが、「元号は天皇による時の支配を意味する」などと主張して反対していました。

田尾　キリスト教徒の西暦一本化の主張も大きかった。田中耕太郎元文部大臣などクリスチャンたちが国会で問題視し始めた。西暦に一本化すべしと。

百地　田中耕太郎は教育勅語を擁護したりして保守派の顔もありましたが、元号には頑強に反対していました。

田尾　西暦が便利だというなら、元号と併用すればいいだけなのに、キリスト教徒の一部は元号を廃して西暦一本化を強固に主張していましたね。しかし、西暦はキリスト教に由来する。つまり、西暦一本化論はキリスト教徒でない日本国民にもキリスト教国の西暦を押し付けるというひどいことをしていたわけです。だから神社界の人々や我々は非常な危機感を持って、日本の文化伝統である元号を守るために立ち上がったわけです。

――先輩方の国民運動の成果によって、今日何の違和感もなくスムーズに新元号へ移行できるのですね。

百地　しかもそれは代始改元の原則に帰るのが基本ですから、その意味では政府の公布・施行のやり方にはいささか疑問を抱いています。

新元号の決定はあれでよかったのか

――新元号の公布が4月1日、施行が5月1日になったという点ですね。

百地　代始改元は、新天皇がご即位後に初めて新元号が制定され発表される（明治以降でいえば決定され公布される）というのが本来の形であるはずです。御代替りの諸儀式に対する政府の方針は「憲法の趣旨に沿い、かつ、皇室の伝統等を尊重したものとすること」「平成の御代替りに伴い行われた式典は、……基本的な考え方や内容は踏襲されるべきものであること」（平成30年4月3日閣議決定）となっています。この方針は妥当だと私は思っているのですが、この方針を代始改元に当てはめると、憲法では「天皇は、日本国の象徴であり日本国民統合の象徴」ですから、天皇と国民は共にある。そして新天皇と共に新しい御代が始まるわけですから、元号は新天皇のご即位後に決定され公布されるのが筋です。元号法も「元号は、皇位の継承があった場合に限り改める」となっていますから、新天皇が皇位を継承されてご即位になった後に決定し公布することを想定したものとみるのが自然です。

もちろん国民生活への支障がないようにというのは当然のことですが。であれば、公布を前倒しにするのではなく、事務的な施行時期を遅らせれば良かったのです。明治以降の歴史を見ても、施行時期は柔軟に考えています。「明治」は、明治天皇のご即位後に公布されましたが、その年（慶応4年）の正月にさかのぼって施行されています し、「大正」と「昭和」は、新天皇のご即位後に公布され、当日の午前0時にさかのぼって施行、平成は新天皇のご即位後に公布され、翌日の1月8日から施行されました。

以上のことを私はずっと主張してきましたが、残念なことに、1カ月前に決定・公布、新天皇のご即位と共に施行ということになってしまいました。今となってはどうしようもありませんが、これは本来のあり方ではないことをここに改めて記して、将来、二度と繰り返されないようにしてほしいと願っています。

田尾　元号の政令公布は、天皇の憲法上の国事行為です。今回、今上陛下（現、上皇陛下）は、ご自身の「平成」と新元号の「令和」のふたつの政令に御名御璽され、公布されることになりました。元号法は「元号は、皇位の継承があった場合に限り改める」と規定している。しかし皇太子殿下（今上陛下）は、自らの元号には署名、公布されることなく終わってしまう。これは、新しい御代に責任をもたれる新天皇のご覚悟にも深く関係してくる問題なのです。天皇の国事行為に対する内閣の「助言と承認」の責任はこれで良かったのか、反省するべきです。やはり一人の天皇がひとつの元号を定められ、在世中変えられない、という一世一元の制は大事で守られるべきです。元号が天皇の皇位継承と密接不可分のもので、新元号は、本来、新天皇が自ら署名し公布する「天皇の元号」であることの重みを忘れてはなりません。

――公布の直前に宮内庁長官らが天皇陛下と皇太子殿下に内奏（＊4）したことはどう見られますか。

百地　官僚の中には「天皇の元号」ではなく「内閣の元号だ」と暴言をはく人もいたそうですが、私は、皇室の伝統と現行憲法及び元号法を踏まえて考えるならば、「天皇と国民の元号」というのがふさわしいのではないかと思います。その観点からいうと、ぎりぎりだったのかなと。

田尾　「ご聴許」という点ではかろうじてセーフというところでしょう。問題となっていた国民生活への支障軽減ということについて一言しますと、昨年末デパートに行って、販売中の新年のカレンダーがどうなっているか見て回りました。そのいくつかに明治１５２年、大正１０８年、昭和94年と書いてありました。

百地　明治元年から数えて何年目、大正元年から数えたら何年目としているわけですね。私も見たことがあります。

田尾　面白いですよね。当然のことながら平成は31年となっていて、ただし5月以降はどうなっているかというと、「新元号元年」と書いてある。これでまったく支障はないんですね。早く発表せよと要望していたカレンダー業界の一部の知恵といっていいと思います。

剣璽の行くところ皇位はある

――次のテーマは、御代替りの諸儀式についてですが、ご譲位の儀式と剣璽《けんじ》等承継の儀についてお聞きしたいと思います。まずは剣璽とは何かということから。

田尾　皇位のみしるしとして三種の神器がありますす。三種の神器は八咫鏡《やたのかがみ》、草薙剣《くさなぎのつるぎ》、八尺瓊曲玉《やさかにのまがたま》ですが、剣璽とはこのうちの宝剣と神璽（曲玉）のことを指します。鏡は宮中の賢所にお祭りしていますから、動きませんが、剣と璽は天皇の許《もと》（居所の剣璽の間）に置かれるという皇室の伝統がある。

それで、旧皇室典範には第10条に「天皇崩スルトキハ皇嗣即チ践祚シ祖宗ノ神器ヲ承ク」とあったのが、GHQの下でつくられた新皇室典範からその規定が削除されてしまった。祖宗ノ神器とはもちろん三種の神器のことです。大変困ってどうしたかというと、別に皇室経済法という法律をつくって皇室典範と二本立にして、とくに経済法の中で第7条に「皇位とともに伝わるべき由緒ある物は、皇位とともに、皇嗣が、これを受ける」として残した。この「皇位とともに伝わるべき由緒ある物」として、その第一に三種の神器を含ませることとなったのです。これによって、三種の神器は皇室経済法にもとづき新天皇に受け継がれることとなったのです。

また新典範からは「践祚《せんそ》」という文字も消えてしまって、「即位」という語に一本化されました。昭和天皇のときまでは践祚と即位は区別されていました。践祚とは祚（皇位）を践《ふ》むという意味で、先帝崩御のあと空白を置かず直ちに皇位を継承する事実を意味します。具体的には三種の神器を受け継がれ、神前にご報告することです。即位とは先帝の御大喪の後に、一年の諒闇《りょうあん》（服喪）の期間を置いてから即位の礼として行う。即位の礼は皇位に就いたことを広く内外に宣明する儀式のことです。

ただし、昭和から平成への御代替りでは践祚の式に代わって「剣璽等承継の儀」が行われました。かつては「剣璽御動座」といわれたものです。承継というと物を受け継ぐようなイメージになってしまいますが、葦津珍彦氏によれば、「剣璽御動座」とは、剣璽が動座するということで、「剣璽」が主語になっているところが大事なのだという。

つまり、剣璽が動いて行ったところに皇位が移る。そこに神意、皇祖皇宗の霊威がはたらいていると信じられていたというのです。昔は兄弟間などで皇位継承問題が発生したとき、どちらが天皇としてふさわしいか、その決め手となったのが、剣璽がどちらに御動座になるかということだったのです。それほど大事なものなのです。

百地　「剣璽等承継の儀」の「等」とは国璽《こくじ》（国家の印）と御璽《ぎょじ》（天皇の印）のことで、これを入れることで、宗教性を薄めようとしたのでしょう。現行憲法下の役人たちの苦労の跡かとも思うのですが、ここではそれ以上立ち入りません。

ただ、「剣璽等承継の儀」の前に行われる「退位礼正殿の儀」ですが、本来はこの二つの儀式は連続して行われるのが筋だと思います。5月1日に、譲位された天皇と新天皇になられる皇太子殿下が共に正殿におなりになって、お二人の目の前で剣璽のご移動が行われるのが理想ではないかと主張してきました。

田尾　午前0時を期して真夜中に儀式を行なうのは難しいということで、実際の儀式は「退位礼

「剣璽等承継の儀」に臨まれる天皇陛下（令和元年５月１日、皇居正殿松の間）

正殿の儀」が4月30日午後5時、「剣璽等承継の儀」が5月1日午前10時半ということになりました。剣璽はいったん今上陛下、剣璽の間にお戻りになって、翌朝御動座されることになった。

百地　法律上、観念上は4月30日の真夜中に譲位されて、５月１日の午前０時に即位されるということになりますから、剣璽も観念上はその時刻に移られると考えられます。もちろん、実際の「剣璽等承継の儀」は5月1日の午前中ということになりますが。

田尾　明治になって皇嗣が皇室典範で明確に法定されましたが、いずれにせよ、剣璽が動座したところに神意が移り、皇位継承者が定まるとの信は、皇室においては大切なところだと思います。

（＊1）「8月に陛下の御放送があり、現在のお気持ちのにじむ内容のお話が伝えられました。私は以前より、皇室の重大な決断が行われる場合、これに関わられるのは皇位の継承に連なる方々であり、その配偶者や親族であってはならないとの思いをずっと持ち続けておりましたので、皇太子や秋篠宮ともよく御相談の上でなされたこの度の陛下の御表明も、謹んでこれを承りました。ただ、新聞の一面に『生前退位』という大きな活字を見た時の衝撃は大きなものでした。それまで私は、歴史の書物の中でもこうした表現に接したことが一度もなかったので、一瞬驚きと共に痛みを覚えたのかもしれません。私の感じ過ぎであったかもしれません。」（皇后陛下、お誕生日に際し宮内記者会の質問に対する文書ご回答、平成28年10月）

（＊2）共産党の機関紙「しんぶん赤旗」が平成29年4月1日付から従来の西暦に加え、元号の併記を復活させた。昭和から平成に移行した際に表記をやめて以来、28年ぶり。共産党は平成28年1月召集の通常国会以降、天皇陛下が臨席される開会式に志位委員長ら幹部が出席。他党との選挙協力を見据え、皇室に対し柔軟路線への転換を進めている。（産経新聞、平成29年4月1日付より）

（＊3）平成30年秋、警察庁は、自動車運転免許証の有効期限の表記を元号表記から西暦に変える規則改定案を公表し、その理由として「元号は外国人にとって分かりやすい」などを挙げた。これに対し、パブリックコメントでは大多数の国民が元号表記の意見だったため、元号と西暦を併記することになった。

（＊4）宮内庁の山本信一郎長官は4月1日、新元号が閣議決定されてから菅義偉官房長官が発表するまでの間に、御所に参内し、天皇陛下に新元号が「令和」であることをお伝えした。皇太子殿下には、同庁の西村泰彦次長が東宮御所で、お伝えした。

第三章

令和の新時代を迎えて

改元後初めての一般参賀には、141,130 人が訪れた（令和元年５月３日）

ご譲位、践祚の儀式を拝して

――いよいよ令和の御代が始まりました。ここまでは「退位礼正殿の儀」から「剣璽等承継の儀」にかけての、御代替りのあり方のお話まででした。剣と曲玉《まがたま》の神器が御動座される様子は、まさに皇位が移るという歴史的瞬間を目撃した感激がありました。先生方のご感想をお聞かせ下さい。

田尾　明治以来の近代憲政史上初めてのことであり、第１１９代光格天皇以来２０２年ぶりとなるご譲位による皇位継承が、ともあれつつがなく行われ、皇太子徳仁親王が厳《おごそ》かに祖宗の神器を継承され、第１２６代天皇に御即位（践祚）遊ばされたことは、まことに慶賀すべきことでした。侍従とともに剣璽が御動座されて案上に安置され、天皇が微動だにされず佇立されておられた姿がとりわけ印象的でした。

百地　30年前の平成の御代替りとは異なり、厳粛なうちにも晴れやかな雰囲気が漂う中、新帝陛下の前に剣璽が御動座される光景をテレビで拝見し、私も皇位継承がつつがなく行われたことを心から嬉しく思いました。と同時に、陪席されている男子皇族のお姿が、前回と比べて極端に減少している様を目の当たりにし、皇統の危機を改めて実感しました。今こそ男系の皇統維持のため、全力を傾注しなければならないと思います。

新帝陛下の御代にご期待申し上げる

――新帝陛下と新しい御代への期待を。

田尾　令和の「和」は昭和の「和」でもある。新帝陛下には御祖父の昭和天皇から学ばれたものと、そして先帝陛下から学ばれたものがおありと拝察します。昭和天皇は明治憲法下で国の「元首」として即位され、戦争、敗戦、占領下での独立の喪失、そして現憲法下での戦後の復興、発展という激動の昭和を歩まれました。先帝陛下は現行憲法下で初めて「象徴」として即位され、象徴のあり方を模索されながら天皇として国民に寄り添い、戦歿者慰霊や被災地お見舞い、それに特に政治の光が当たらないところに出かけられて、多くの国民の精神的支えとなられました。

新帝陛下には昭和天皇からと、先帝陛下からそれぞれ受け継がれるべきものを受け継いでいただきたい。ただ、ご公務に関しては、先帝陛下の時代よりは選別されて、新しいものをも取り入れつつ絞られた方がいいと考えます。また宮中祭祀を大切になされていることは漏れ承っていますが、これからは天皇として国家国民のために祭祀を第一にされ、「令和」の意味する通り、美しい秩序ある調和に向けた新しい時代にふさわしい形でご公務を担っていただければと願っています。

百地　松尾芭蕉に「不易流行」という言葉がありますが、皇室における「不易」なるもの、つまり変えてはならないものと「流行」なるもの、つまり時代に応じて工夫されるものとがあるということだと思います。この二つを調和させていく。

先帝陛下は、国の安寧と国民の幸福を祈ることが最も大切な務めだとおっしゃっていますが、新帝陛下も皇太子時代、同じことをおっしゃっています。これは不易なるものです。

一方、その時代その時代において工夫して変えて行かれるものもある。例えば先帝陛下は、被災地お見舞いの際に、膝を床につかれて同じ目線でじっと耳を傾けられ、国民に「寄り添う」ということを実践されました。昭和天皇は、戦後すぐのご巡幸では熱烈な歓迎を受けられ、もみくちゃにされるのではないかというくらい国民にお近づきになりましたが、それ以降は先帝陛下ほど頻繁に行幸されることはなく、昭和天皇のスタイルを貫かれました。新帝陛下には新帝陛下なりの工夫をされることがおありになるのではないかと思いますし、「古くからの伝統をしっかりと引き継いでいくとともに、それぞれの時代に応じて求められる皇室の在り方を追い求めていきたい」（平成31年2月21日、お誕生日を前にされた記者会見にて）とおっしゃっておられますので、ご期待申し上げたいと存じます。

例えば新帝陛下は、早くから、水問題に熱心に取り組んでこられました。水問題は、大水害や水不足など地球的規模の重要課題です。「『水』問題を切り口に、豊かさや防災など、国民生活の安定と発展について考えを巡らせることもできる」（同）とおっしゃっています。

「水」問題への強いご関心

田尾　天皇の三大行幸に、国民体育大会、全国植樹祭、そして全国豊かな海づくり大会がありますが、植樹祭と豊かな海づくり大会は直接的に水の問題に関係しています。新帝陛下は、これまでに「世界水フォーラム」や国連「水と災害に関する特別会合」などにご臨席になり、ご講演なさっていますが、すでにそれらをまとめて『水運史から世界の水へ』（NHK出版）と題して一冊のご本として出版されておられます。

これまでの実績からしても、日本の天皇こそ地球環境問題を通して世界の平和に貢献するための最高のご資格をお持ちであると思います。

百地　天皇と皇太子は、役割分担をされていますね。天皇陛下は植樹祭、皇太子殿下は育樹祭へそれぞれご臨席なさってこられました。陛下が樹木の苗を植えられ、殿下がその成長を見守られるというわけです。皇室における環境問題へのご関心の深さが伺われます。

田尾　牡蠣《かき》の養殖業を三陸海岸で営む畠山重篤さんが「森は海の恋人」といって海を豊かにするには森が豊かでないといけないと植林の活動を熱心にしておられますが、水は森と一体なのです。

古来、治山治水といえば、中国でも天子の最大

ブラジルにおける「第８回世界水フォーラム」で、「平和と繁栄そして幸福のための水」と題して英語で基調講演される皇太子時代の天皇陛下（平成 30 年３月 19 日）

の仕事のひとつでした。それによって人々を災害から守り、農業などの生活基盤を安定させた。それに人間の身体の大部分は水から成っています。

人類は水がなければ生きていけない。水は生命の源であり、それは神道の信仰にまでつながっていきます。神道は山岳を神聖な御神体として崇め、その山から流れ来る水が水田を潤し、稲作を営み、食を得ることができた。つまり山の信仰は水の信仰と稲の信仰とに結びつき、つながっている。ですから、水の問題は、人類と地球全体の問題であると同時に、日本民族の信仰につながる大事な問題でもあります。新帝陛下がご関心深くいらっしゃるのは故あることと拝察しています。

――小柳左門氏が、皇太子時代の新帝陛下の御歌で「岩かげにしたたり落つる山の水大河《たいが》となりて野を流れゆく」をご紹介なさっていました。

田尾　雄大でゆったりとした御歌ですばらしいですね。山（森）の岩垣清水から野の大河へ、そして豊かな海をつくっていく。陛下には、緑の森をつくる植樹祭、豊かな海づくり大会で、国民生活の基盤をお見守りいただいた上に、国民体育大会と全国障害者スポーツ大会にご臨席になって、国民の健康増進と障害者福祉への理解促進に努めていただく。来年の東京オリンピック・パラリンピックでは新帝陛下が開会宣言をなされると思いますが、祖父の昭和天皇がなされたことを孫の新帝陛下がまたなされるということになりますね。

百地　オリンピックの開会宣言は国家元首がなされることとなっていますからね。そして、先帝陛下は全国障害者スポーツ大会のご発案者でいらっしゃいますから、新帝陛下は前回の東京五輪で開会宣言された昭和天皇と障害者スポーツに心を寄せ続けられた先帝陛下のご意思を受け継がれるということになるのではないでしょうか。

田尾　令和の御代は、大事な水や環境など世界的規模での日本国天皇としてのお働きもあるということになれば、ご公務の見直しも大事ですね。さまざまな要請にすべてお応えになるのは無理ですので、本当に大切と思われる事柄に絞って要所要所でお出ましいただければいいのではないかと思います。

百地　先帝陛下のご公務が膨れ上がった原因には、冷戦後の新興国の増加もあると思います。国連加盟国の推移をみると、ベルリンの壁崩壊時（平成元年、１９８９年）１５９カ国だったのが、現在１９３カ国ですから、平成の時代に新たに34カ国も増えています。来日した各国元首の接遇、大使の接受だけでも大変な数です。また平成は災害が多発した時代で、被災地へのお見舞いも相当な数に上りました。

そして慰霊の旅。昭和天皇の御心を受け継がれ、先の大戦の激戦地を国内外問わずご訪問になり、御霊を慰霊されました。新帝陛下はそこまでされる必要はないと思います。むしろ、幕末以来、国事に殉じられたすべての方々をお祀りする靖國神社をご親拝になっていただきたい。そのためにはまず首相が率先して靖國神社に参拝して道を拓かなければいけません。

令和の御大典――即位礼と大嘗祭

――次に令和の御大典に話題を移したいと存じます。

田尾　御大典の中心は、今秋に行われる即位の礼と大嘗祭《だいじょうさい》です。世界を見ますと、世襲の君主が即位する時や共和国の大統領が就任するときなどには必ず節目の儀式が行われますが、それぞれのお国柄が出て興味深いですね。英国のエリザベス女王の戴冠式は華麗壮観でした。女王はウェストミンスター寺院でカンタベリー大司教により聖油で浄められ、王権の象徴である十字架のついた宝珠《ほうじゅ》と王笏《おうしゃく》を受け取り、そして最後に王冠を授けられました。アメリカの大統領の就任式では、大群衆を前にして新大統領が聖書に片手を置いて連邦最高裁長官の前で宣誓し、就任演説を行います。そこには建国の父祖をしのぶとともに必ず「神よ、アメリカを守りたまえ」という祈りの言葉がみられます。みな何らかの形で宗教的行為を伴っています。

日本では、それが即位礼と大嘗祭の二本立てになっております。

百地　即位の礼は対外的に即位を宣明するもので、即位礼正殿の儀では、衣冠束帯に身を包んだ皇族、供奉者たちが居並ぶ中、黄櫨染御袍《こうろぜんのごほう》をお召しになった新帝陛下が高御座《たかみくら》に登られ、おことばを述べられます。厳粛かつ華麗な王朝絵巻は世界中からの参列者の注目を浴びることでしょう。

田尾　平成のときは世界各国から元首級の90カ国を含む１６０もの国と地域の代表が参列しました。まさに盛儀です。今回はテレビとインターネットなどで世界中に大々的に報道されることでしょう。余談ですが、平成の即位礼に携わった方の話ですが、宮内庁の高官が即位礼について「もっと簡素化すべきだ」と強く主張していたけれども、即位礼が終わってみると、その上司が、外国の賓客がみな口々に盛大でよかった、日本は素晴らしい、他の国では見られない日本の伝統は貴重だと言ってくれた。盛大にやってよかったと、今度は自慢するので呆れたというのです。一世一代の盛儀なのですから、堂々とやったらいいんですよ。そこで得られる感動が日本人としての誇りにつながる。諸外国に対しても強力なアピールとなる。

百地　平成のときは、昭和が60年以上続いた後でしたから、御大典を直接知る人は極端に少なかった。今度は、そのときの体験があり、しかも今日の情報化社会ですから、より効果的に世界に御大典を伝えてほしいと思います。

――御即位のさまざまな儀式が年末まで続く今年は、子供たちに皇室の素晴らしさを伝える絶好の機会でもありますね。

田尾　そうです。この機会を逃さないことです。

――髙橋史朗氏が、あるデータを紹介していました。《平成25年のＮＨＫ「日本人の意識調査」によると、「天皇に対して尊敬の念を持っている」若年層（16歳～29歳）は17パーセントにすぎず、「特に何も感じていない」は55パーセントで過半数を超えている》と。数年前のデータで少し古いですし、今回の〝改元フィーバー〟を見ると少し変わっている可能性もありますが、皇室に関しては、戦後の教育の中でまともに教えられてこなかった結果ではないかと。

田尾　由々しき問題ですね。だからこそ、皇室に内外の注目が集まる今年はしっかりと教育してほしいですね。そのためには教育現場に教材が必要ですが、例えば、政府式典のときに配布されたＤＶＤ『天皇陛下御即位から三十年――常に国民とともに』と、宮内庁が企画監修した『天皇皇后両陛下の一年――ご譲位を前にされて』など教材に適した映像のDVDがあります。

元旦の四方拝をはじめとした宮中祭祀、皇居水田での稲作、外国とのご交際、被災地ご訪問、障害者に寄り添われるお姿、慰霊の旅など盛りだくさんのお働きが映像で見られます。また、新帝陛下については、天皇陛下御即位奉祝委員会が『第126代　天皇陛下御即位をお祝いして』と題したDVDを作成しています。

百地　小学校学習指導要領（社会科）には、「天皇についての理解と敬愛の念を深めるようにする」と明記されているわけですからきちんとやってほしいと思います。5月1日と10月22日（即位礼正殿の儀）は休日となりましたから、教師たちは児童生徒に、この日の意義を説明しなければなりません。そのためにも今挙げられたような映像など具体的な教材を活用してほしいですね。

御一代一度の重儀――大嘗祭

――10月22日には即位礼正殿の儀と祝賀御列の儀が行われ、11月14日から15日にかけて大嘗祭が行われます。次に大嘗祭についてお伺いしたいと存じます。

田尾　さきほど外国の元首の即位儀礼や就任式の話をしましたが、諸外国と比べて日本が際立っているのは、即位礼と共に大嘗祭という皇室伝統の宗教的儀式が別立てで行われるということです。

百地　政府の説明では、大嘗祭とは、天皇が即位の後、初めて大嘗宮において新穀を神々に供饌され、自らも召し上がられ、五穀豊穣を感謝し、また祈念される儀式とされています（＊1）。

田尾　毎年秋に行われる新嘗祭は、宮中の神嘉殿で斎行されていますが、これを規模を大きくして御一代に一度の盛儀として即位後初めて行うのが大嘗祭といわれるお祭りです。それは大嘗宮《だいじょうきゅう》というこのときのためだけにつくられる建物の中で行われます。歴史的には7世紀の天武天皇の頃からのものといわれ、「にいなめ（新嘗）」に対して「おほにえ（大嘗）」といわれています。

百地　古事記・日本書紀に出てくる神話の再現ともいえますね。

田尾　高天原では皇祖天照大御神ご自身が新穀を神々に祀る祭祀をなさっていたことが記されています。そして、天孫降臨に際しては、皇孫ニニギノミコトに稲穂を授けられます（斎庭《ゆにわ》の稲穂の神勅）。その皇祖の恩頼に感謝し、皇祖をしのびつつ、新帝が五穀豊穣と国家国民の安寧を祈られるのです。稲作農耕を中心にした国づくり、日本の国の成り立ちを再現しているといえますね。

百地　原初に帰るということでしょうね。大嘗宮も皮付きの丸太をそのまま柱にするなど古代さながらの造りです。

田尾　これは神聖な宗教的な儀式ですが、皇室だけの儀式ではなく、実はすべての国民が協賛する儀式となっているのです。まず悠紀田《ゆきでん》、主基田《すきでん》という斎田を国の東西から選び出し（＊2）、そこで収穫された民の新穀が神饌として供されて、大嘗祭に捧げられます。

次に庭積《にわづみの》机代物《つくえしろもの》と呼ばれる、全国47都道府県すべてからの特産物が数品種ずつ献上され、供されます。そして当日は、国民を代表して三権の長をはじめ、都道府県知事や各界の代表が参列して浄闇のなかで静かに祭典を見守るのです。

つまり、新帝と皇室と国民挙げての祭典なのです。即位礼はもちろん日中ですが、大嘗祭は夕刻から深夜、さらに明け方近くまでかけて行う祭祀で、とても神秘的なものです。厳粛かつ盛大な即位の礼、宗教的な国民協賛の大嘗祭。御大典の中心にこの両儀式がある、そのことの意義を国民がよく理解すれば、２０００年以上にわたる皇室を

平成の大嘗祭。純白の祭服で悠紀殿に向かわれる天皇陛下
（東京・皇居・東御苑の大嘗宮）

戴く日本の国柄というものを再認識する最もよい機会になると思います。

百地　その通りですね。大嘗祭は日本固有の国柄を明らかにするもので、即位の礼と共に御大典のクライマックスということになります。若い世代を含め国民としてその意義をしっかり心に留めたいものです。

秋篠宮殿下のご発言をめぐって

――大嘗祭に関して、秋篠宮殿下の「身の丈にあった儀式に」というご発言がありました。この点についてお伺いしたいと思います（＊3）。

百地　殿下は、「大嘗祭自体は私は絶対にすべきものだと思います」とおっしゃっていることをまずは踏まえておきたいと思います。というのは、この皇室伝統の最重要の祭儀は決して絶やしてはならないというご信念がとても重要だと思うからです。

私は、平成の御代替りの前に、大嘗祭は皇位継承に不可欠の儀式だと言い続けてきましたが、反対派が「それでは戦国時代に大嘗祭を挙げられなかった天皇は天皇ではないのか」と言ってきた。たしかに戦国時代から江戸時代中期まで大嘗祭が中絶した時期がありました。第104代後柏原天皇から第112代霊元天皇まで9代にわたり大嘗祭を挙げておられません。しかし、これは財政上の窮乏のためであって、必ずなすべきものという信念が皇室にはありました。

だからこそ、例えば第105代後奈良天皇は伊勢神宮に大嘗祭の再興を祈願する宣命案を遺されているのです。そういう大御心が、中絶期間中にあってもつながれていっていたからこそ、第113代東山天皇の御代に大嘗祭は復興されたわけです。

さて、大嘗祭は新嘗祭と同じ程度の規模にして、内廷費で賄《まかな》えばいいというお考えとのことですが、それは殿下の誤解によるものではないかと思います。憲法20条の政教分離の規定に関連して、大嘗祭は皇室の私的行事であり、国が財政措置を施したり公職の者が参列したりするのは憲法違反であるという一部の学説があるのは事実ですが、その説に基づいて平成の時代に起こされた数々の訴訟はすべて原告側が敗訴し、最高裁でも事実上の大嘗祭合憲判決が出ているのです。つまり、決着は着いているんですね。大切なのは公権解釈、つまり政府見解や最高裁判決でそれらの学説は退けられているということなんです。

たしかに、昭和から平成への御代替りのときには、昭和天皇の御大喪、そして大嘗祭を巡って政教分離の問題が議論になりました。御大喪では葬場殿の儀と大喪の礼を連続して行ったにもかかわらず前者から後者に移る際に鳥居を撤去するなど不格好なことをしました。そういうこともあって、大嘗祭が果たして無事行われるか心配をしました。しかし、そこでの議論が積み重なって、「大嘗祭は天皇の公的行為」という政府見解が定まったわけです（＊4）。

民間では大嘗祭の伝統を守る国民委員会ができて、600万もの請願署名が集まりました。こうした国民の声の後押しもあり、現行憲法下でも無事大嘗祭を斎行できたのです。ですから、今回、皇位継承の諸儀式に関して、「憲法の趣旨に沿い、かつ皇室の伝統等を尊重したものとする」「（平成の御代替りと）基本的な考え方や内容は踏襲されるべき」（＊5）という政府方針が出されたのはよかったと思います。

このように、その問題は政府の公権解釈と裁判所の判決によって平成の30年間で決着が着いているということを改めてご認識いただければと存じます。宮内庁の殿下へのご説明が不足していたのではないでしょうか。今からでもきちんとお伝えすべきだと思います。

田尾　国民がよろこんで協賛しており、政府も慶賀してその費用を準備しているのですから、それをお受けいただければありがたいと思います。「身の丈に合った」ということから言えば2000年以上の悠久の歴史と豊かな文化伝統を持つ世界第3位の経済大国ですから、それにふさわしく盛大に行ってよいのではないでしょうか。

大変だった前回の大嘗祭

田尾　それにしても今お話があった前回の御代替りのときは大変だったことを思い出します。当時、過激派が暴れ回り、とくに皇室と神社が狙われました。常陸宮邸に迫撃砲のようなものが撃ち込まれたり、伊勢神宮、熱田神宮も攻撃の標的とされました。大嘗祭の斎田となった秋田県では護国神社が放火で全焼し、大嘗祭当日には三大稲荷の一つ、宮城県の竹駒神社も放火され全焼しました。

百地　当時私は愛媛にいましたが、四国に過激派が入ったという警察情報が届いたものですから、護国神社を守るために愛媛郷友会の人達と一緒に警護隊をつくり、泊まり込んで夜回りをしました。

田尾　私も師範をしていた関係で明治神宮の武道場至誠館に泊まり込み、お宮をお守りしていざというときに備えました。

百地　必死でしたね。

田尾　緊張感がありました。あのときからすると、平成の30年で世の中はずいぶん落ち着いてきたと思います。もちろん油断は禁物です。近年はドローンなんていうものまで登場していますから。

百地　当時は、理論武装して訴訟を戦ったり論戦したりすると同時に物理的攻撃にも対応せざるを得なかったわけです。世相が世相で、また現行憲法下での初めての大嘗祭でしたから、当時20代前半でいらっしゃった秋篠宮殿下には不安なお気持ちであられたと拝察します。しかし、理論的政治的にすでに決着は着いているということをぜひご理解いただきたいと思います。

憲法の政教分離の指標「目的効果基準」

――「宗教行事と憲法との関係はどうなのか」とおっしゃっていますが、やはり憲法20条との関係について気にされているようです。

百地　一例を挙げますと、大分県が大嘗祭の斎田（主基田）に選ばれ、「抜穂《ぬきほ》の儀」という儀式が行われ、知事や県の農政部長が参列したことが憲法の政教分離に反するとして訴訟が起こされました。そのとき私は裁判所に意見書を提出して、原告の訴えに全面的に反論しました。原告の中には、クリスチャンもいて、その人たちは、「大嘗祭は天皇が神になる儀式だから」と反対していました。これは為にする反対で、それならば原告らは大嘗祭を経られた今の天皇は本当に神だと考えているのか、と反論しました。つまり、この裁判はクリスチャンとしての信仰、信念の問題であって憲法とは関係がないではないかと。

田尾　その程度の認識で訴訟を起こしても勝てるわけがないのですが、政治問題化させること自体が彼らの目的でもあったわけですね。さて、本質的な憲法論としてはやはり憲法20条の政教分離規定に抵触するかどうかという点ですね。このことに関する最も重要な判例は、昭和52年の津地鎮祭訴訟の最高裁判決（＊6）です。これは津市の体育館建設にあたり、神式によって地鎮祭が行われた際、公金が支出されたことは、憲法20条の政教分離規定に違反すると起こされた訴訟です。

判決は、国家が宗教とかかわることを全く許さないものではなく、「その行為の目的が宗教的意義をもち、その効果が宗教に対する援助、助長、促進又は圧迫、干渉等になるような行為をいう」として、市が公金を拠出したことは、これに当らないとしたのです。いわゆる「目的効果基準」です。

百地　目的効果基準に照らせば、抜穂の儀に参列した知事らの行為は、特定の宗教的意義を持つものでも、その効果が特定の宗教を援助あるいは圧迫するものでもないことは明らかですから、原告の訴えは簡単に退けられました。その他類似した訴訟もすべてこの基準に沿った判決が出されて、大嘗祭は合憲であるという事実上の司法判断が確定したのです。ですから、現行憲法下でも、皇室の伝統として大嘗祭は堂々と挙行できるわけで、秋篠宮殿下のご心配は杞憂《きゆう》ということになります。

「政教分離」をめぐる2つの課題

――ただ、公権解釈では、大嘗祭は「宗教上の儀式としての性格を有すると見られることは否定することができず」とあって、「国事行為として行うことは困難」とする一方、「公的性格」はあるとして、「大嘗祭の費用を（内廷費ではなく）宮廷費から支出することが相当」とされています。少しややこしいので整理していただけますか。

百地　現行憲法上、天皇の行為には国事行為、公的行為（いわゆる象徴行為）、そして私的行為の3つがあります。このうち大嘗祭は公的行為であるとしたわけです。政府のヒアリングの際、私は、「憲法は世襲の天皇制度を採用しており、世襲に伴う不可欠の儀式としての大嘗祭を容認したものとみることができるのだから、大嘗祭を国事行為として行うことは可能である。他方、大嘗祭は皇室の神聖な祭祀でもあるから、内閣が助言・承認を行う国事行為ではなく皇室の公的行為とする方法もある」と主張しました。

　大嘗祭の挙行にあたって、憲法の政教分離との関係では、大嘗祭が憲法20条3項の禁止する「宗教的活動」に当らないか、という点と、大嘗祭に公金を支出することが憲法89条の「宗教団体への公金支出」に当らないか、という二点が問題となりました。そこでこの2つの問題をクリアするために、政府は「大嘗祭は皇位継承のための公的儀式である」としました。

　まず、憲法の禁止する宗教的活動との関係ですが、大嘗祭について定めた条文は憲法にも皇室典範にもありません。旧皇室典範には「即位の礼及大嘗祭は京都においてこれを行ふ」と明記されていましたが、新皇室典範からは削除されてしまいました。しかも内閣法制局は、宮中祭祀は「皇室の私事」であるとの立場を取っていましたから、大嘗祭が挙行されるかどうか、とても心配されたわけです。

――憲法7条の天皇の国事行為の中に、第10項に「儀式を行ふ事」とありますが、ここでいう儀式には宮中祭祀は含まれないのですか。

田尾　儀式とは国家的な性格をもち、宗教的でないものであることと解されていて、皇室典範に規定している即位の礼、大喪の礼のほか新年祝賀の儀などは含まれるが、四方拝をはじめ宮中祭祀は含まれないとされているのです。宮中祭祀は宗教的要素を除外できないから憲法20条の政教分離に抵触する恐れがあるという理由からでしょう。

——さきほどの目的効果基準を適用できないのですか。

田尾　適用すべきです。そもそも天皇のお祭りは、「国平らかに民安かれ」とのお祈りですから、特定の宗教宗派の人々のためのものでなく、それらを超越したものなのです。別言すれば信仰の別に関係なくすべての民のために祈っておられるのです。それは目的と効果の判断基準に照らせば明白でしょう。ところが、内閣法制局は頑《かたく》なで、いまでも宮中祭祀は天皇の私事、私的行為との立場を崩していません。

百地　由々しき事態です。さらに大嘗祭と憲法との関係で大きな問題となったのは、昭和54年の衆議院内閣委員会での真田法制局長官の発言です。「大嘗祭は神式なので、憲法20条3項の規定から国が行うことは許されない」と答弁したのです（＊7）。

田尾　その発言は唐突で衝撃的でした。それまでの先人たちの努力を踏みにじるような、独立の気概と日本人の志を失い、伝統をかえりみない官僚の合理主義の典型のように思われます。

百地　この発言が尾を引き、現行憲法下での初の御代替りであった昭和から平成の御代替りにおいて大嘗祭が挙行できるかどうか、非常に心配されました。当時、私はいくつか意見書を書いて政府に提出しましたが、政教分離との関係についていえば、私も、最高裁で確定した「目的効果基準」に従えば、何ら問題はないと論文（「憲法と大嘗祭」『政教分離とは何か―争点の解明―』所収）で詳しく論証しています。

　また、もう一つの基本的な考え方は、「現行憲法は明治憲法を改正して作られたものだから、明治憲法との連続性を踏まえて解釈するべきであり、憲法が明示的に禁止していなければ、皇室の伝統を尊重して考えるべきである」という趣旨のものでした。とすれば大嘗祭は憲法上、禁止されていないわけですから、皇室の伝統に沿ってやればいいのだと。当時、官房副長官で御代替りの実務を担った中心人物、石原信雄氏が最近の新聞紙上で、「憲法が禁止していなかったら、皇室の伝統を尊重する方針だった」と述べていますから方向性は合致していたと思います。

　実は、当時、私の論文「憲法と大嘗祭」を在京の友人、椛島有三氏（現、日本会議事務総長）を通じて石原官房副長官にお渡ししたところ、早速、役人さんたちに読ませて下さったようで、後日、椛島氏を通じて「大変参考になりました」とのお礼の言葉を頂戴しました。

　そもそも占領下で皇室令が廃止され、宮中祭祀など皇室の諸儀式の法的根拠がなくなってしまったとき、宮内府長官官房文書課長高尾亮一名の「依命通牒」が出されて、「従前の例に準じて事務を処理すること」とされました。これによって、例えば、宮中祭祀については、旧皇室祭祀令に準じて行われてきたのです。

　ですから、憲法で明確に禁止されていないものについては、皇室の伝統を尊重して従来通り行えばいいのです。

　――その発想から「大嘗祭は、皇位が世襲であることに伴う、一世に一度の極めて重要な伝統的皇位継承儀式である」という政府見解につながった。

大嘗祭の費用は宮廷費で

百地　もう一つ問題となったのが、大嘗祭のための公金支出でした。憲法89条は宗教団体への公金支出を禁止していますが、「大嘗祭は公的性格があり、費用を宮廷費から支出することが相当」となったわけです。これでもうひとつの大きな懸案であった財政問題も道が拓かれました。ちなみに大嘗祭が国事行為ではなく公的行為とされたことについては、私もそのほうが世俗的な内閣の助言と承認が必要ないので、神聖な儀式にはふさわしいと考えています。

もし、「宮中祭祀は皇室の私的行為」という内閣法制局の判断から大嘗祭も皇室の私的行為ということになれば、その費用は内廷費（＊8）から出さなければならないこととなり、20億円以上の費用がかかる大嘗祭は挙行できない事態となってしまうところでした。

かねてこのことを心配されていた葦津珍彦先生（＊9）は、いざというときには、民間で募金を募り、そのためには神社を担保に入れてでも財源を確保すべきとお考えになっておられました。

田尾　先生と親しくしていた、宮崎神宮の黒岩龍彦宮司らがその計画に参画したと聞いていますね。当時は私的行為に公費を出すのはおかしいという意見が根強かった。もしダメなら民間で浄財を募ってでも実現させねば、というほどの切迫感があったのです。

百地　そういう憂国の諸先生・諸先輩方のご尽力があったことを忘れてはなりませんね。

田尾　第二章の最後に触れましたが、葦津先生は、戦後途絶えていた剣璽御動座の復活に尽力され、それは昭和48年、昭和天皇の伊勢神宮ご参拝で実現されました。

その後、元号法制化運動を牽引され、法制化がなった直後からは来たるべき御代替りに備えて皇位継承儀礼および宮中祭祀等の現行憲法下での理論づけの研究でした。葦津先生を中心に、学問的知友の京都大学の憲法学の泰斗・大石義雄先生が

田尾　それは渾身のお力を注がれました。最後の皇室に対する御奉公との覚悟だったと思います。先生はそれを見届けられ、平成4年に82歳で亡くなられました。大石先生は、葦津珍彦を「現代の北畠親房」と評していました。

協力し、神社新報社の論説委員などがメンバーとなって皇室法の共同研究が進められました。私も研究会の幹事となって参画させていただきました。憲法改正がなされればいいが、そうでなくても現行憲法下でも大嘗祭などを実現するにはどうしたらいいか、ということが最大の目的だったのです。その研究成果は『現行皇室法の批判的研究』（神社新報社刊）いう単行本にまとめられ、当時の国会議員や政府と宮内庁の要路の人達にも届けられました。

その結果、前回の御代替りの際には、昭和天皇の御大喪では、さきほどお話のありました移動式鳥居など問題はありましたが、概ね旧皇室令を参考に行われましたし、皇位継承儀礼も登極令に沿った形で行われ、大嘗祭も天皇の公的行為として財源は宮廷費から拠出されて実現できました。

――大嘗祭が挙行されたことに安堵されたという葦津先生のご文章を拝読した記憶があります。

（＊1）大嘗祭の意義

（平成元年12月21日閣議口頭了解）

大嘗祭は、稲作農業を中心とした我が国の社会に古くから伝承されてきた収穫儀礼に根ざしたものであり、天皇が即位の後、初めて、大嘗宮において、新穀を皇祖及び天神地祇にお供えになって、みずからお召し上がりになり、皇祖及び天神地祇に対し、安寧と五穀豊穣などを感謝されるとともに、国家・国民のために安寧と五穀豊穣などを祈念される儀式である。それは、皇位の継承があったときは、必ず挙行すべきものとされ、皇室の長い伝統を受け継いだ、皇位継承に伴う一世に一度の重要な儀式である。

（＊2）5月13日、「斎田点定の儀」が皇居・宮中三殿の神殿と神殿前庭で行われ、亀甲を使った「亀卜《きぼく》」という古式に則り、東日本の「悠紀」地方から栃木県、西日本の「主基」地方から京都府がそれぞれ選ばれた。結果は山本信一郎宮内庁長官から宮殿・表御座所の天皇陛下にご報告、了承され、それぞれの知事にも電話で伝えられた。宮内庁と今回決まった両府県、農業団体、農家などが協議して斎田の具体的な場所を決める。秋に行う「斎田抜穂の儀」で新穀を収穫し、11月14日から15日にかけ、皇居・東御苑で行われる大嘗祭で供えられる。（以上、時事通信より）

（＊3）文仁親王殿下お誕生日に際しての記者会見

（平成30年11月22日）

「即位の礼は、これは国事行為で行われるわけです、その一連のものは。ただ、大嘗祭については、これは皇室の行事として行われるものですし、ある意味の宗教色が強いものになります。……やはりこのすっきりしない感じというのは、今でも持っています。整理の仕方としては、一つの代で一度きりのものであり、大切な儀式ということから、もちろん国もそれについての関心があり、公的性格が強い、ゆえに国の国費で賄うということだと。平成のときの整理はそうだったわけですね。……宗教行事と憲法との関係はどうなのかというときに、それは、私はやはり内廷会計で行うべきだと思っています。……大嘗祭自体は私は絶対にすべきものだと思います。ただ、そのできる範囲で、言ってみれば身の丈にあった儀式にすれば。少なくとも皇室の行事と言っていますし。そういう形で行うのが本来の姿ではないかなと思いますし、そのことは宮内庁長官などにはかなり私も言っているんですね。ただ、残念ながらそこを考えること、言ってみれば話を聞く耳を持たなかった。そのことは私は非常に残念なことだったなと思っています。

（＊4）大嘗祭の儀式の位置付け及びその費用について（平成元年12月21日閣議口頭了解）

……大嘗祭は、収穫儀礼に根ざしたものであり、伝統的皇位継承儀式という性格を持つものであるが、その中核は、天皇が皇祖及び天神地祇に対し、安寧と五穀豊穣などを感謝されるとともに、国家・国民のために安寧と五穀豊穣などを祈念される儀式であり、この趣旨・形式等からして、宗教上の儀式としての性格を有すると見られることは否定することができず、また、その態様においても、国がその内容に立ち入ることにはなじまない性格の儀式であるから、大嘗祭を国事行為として行うことは困難であると考える。

次に、大嘗祭を皇室の行事として行う場合、大嘗祭は、前記のとおり、皇位が世襲であることに伴う、一世に一度の極めて重要な伝統的皇位継承儀式であるから、皇位の世襲制をとる我が国の憲法の下においては、その儀式について国としても深い関心を持ち、その挙行を可能にする手だてを講ずることは当然と考えられる。その意味において、大嘗祭は、公的性格があり、大嘗祭の費用を宮廷費から支出することが相当であると考える。

（＊5）「各式典は、憲法の趣旨に沿い、かつ、皇室の伝統等を尊重したものとすること」「平成の御代替りに伴い行われた式典は、現行憲法下において十分な検討が行われた上で挙行されたものであることから、

今回の各式典についても、基本的な考え方や内容は踏襲されるべきものであること」（平成30年4月3日閣議決定）

（＊6）津地鎮祭訴訟最高裁判所の判決文より

（一部抜粋）

……政教分離原則は、国家が宗教的に中立であることを要求するものではあるが、国家が宗教とのかかわり合いをもつことを全く許さないとするものではなく、宗教とのかかわり合いをもたらす行為の目的及び効果にかんがみ、相当とされる限度を超えるものと認められる場合にこれを許さないとするものであると解すべきである。当該行為の目的が宗教的意義をもち、その効果が宗教に対する援助、助長、促進又は圧迫、干渉等になるような行為をいうものと解すべきである。

本件起工式は、宗教とかかわり合いをもつものであることを否定しえないが、その目的は建築着工に際し土地の平安堅固、工事の無事安全を願い、社会の一般的慣習に従った儀礼を行うという専ら世俗的なものと認められ、その効果は神道を援助、助長、促進し又は他の宗教に圧迫、干渉を加えるものとは認められないのであるから、憲法20条3項により禁止される宗教的活動にはあたらないと解するのが、相当である。

（＊7）昭和54年4月、衆議院内閣委員会で、元号法に関する審議が行われたとき、社会党の上田卓三議員の質問に対し、真田秀夫内閣法制局長官が「大嘗祭につきましては、儀式の中身を見ますと、どうも神式でおやりになっているようなので、それは憲法20条第3項の規定がございますので、国が大嘗祭という儀式を行うことは許されないというふうに考えております」と答弁した。

（＊8）内廷費と宮廷費（宮内庁ホームページより）

内廷費……天皇・上皇・内廷にある皇族の日常の費用その他内廷諸費に充てるもので、法律により定額が定められ、平成31年度は、3億2400万円です。内廷費として支出されたものは、御手元金となり、宮内庁の経理する公金ではありません（皇室経済法第４条、皇室経済法施行法第７条、天皇の退位等に関する皇室典範特例法附則第４条、附則第５条）。

宮廷費……儀式、国賓・公賓等の接遇、行幸啓、外国ご訪問など皇室の公的ご活動等に必要な経費、皇室用財産の管理に必要な経費、皇居等の施設の整備に必要な経費などで、平成31年度は、111億4903万円（宮廷費の内訳）。宮廷費は、宮内庁の経理する公金（皇室経済法第５条）。

（＊９）葦津珍彦……神道思想家。明治42年〜平成４年。戦後、神社本庁の設立に尽力し、機関紙「神社新報」の主筆として論陣を張り、戦後の数々の国民運動の思想的理論的指導者として活躍するとともに、熱心に後進の指導に当たった。

第四章

安定的な皇位継承を確保するために

昭和22年10月14日、皇籍を離脱（臣籍降下）した旧11宮家の人々

国会の付帯決議の課題への対応

——本対談の最後のテーマとして、男系継承の問題を論じていただけたらと存じます。退位特例法の付帯決議（＊1）に「安定的な皇位継承を確保するための諸課題、女性宮家の創設等について、最重要課題であるということから、本法施行後、速やかに検討を行う」とあることについて、菅官房長官は、速やかに取り組むことを言明しました（＊2）。退位特例法の施行は4月30日ですから、すでに水面下ではいろんな動きが始まっているようです。立憲民主党はさかんに勉強会を開催しています。

百地　付帯決議を根拠に、女性宮家の創設を検討しなければいけないと主張する人たちがいますが、文言には「安定的な皇位継承を確保するための諸課題、女性宮家の創設等」とあって、諸課題のあとに読点「、」が付いていることに着目しなければなりません。なぜならば、安定的な皇位継承と女性宮家の創設は別問題だからです。皇室の伝統はもちろん、現行憲法を踏まえて制定された皇室典範も、皇位継承は男系に限っており、女性宮家では「男系の危機」を救えません。したがって、ここでいう女性宮家の創設は皇族が減少する将来を見据えて、ご公務をこなしていくために、女性皇族がご結婚後も皇室活動に携わることができるようにとの文脈から読むしかないのです。

とすると、まず優先的に検討すべきは、安定的な皇位継承を確保するための方策であり、先述したように、御代替りの政府の基本方針には「憲法の趣旨に則り、皇室の伝統を尊重して、昭和から平成の御代替りを継承する」とあるわけですから、「憲法の趣旨」からも「皇室の伝統」からも男系維持を図るための方策がまずもって最優先されなければならないのです。

初めに、「皇室の伝統」から皇位継承の原則を見て行きましょう。

皇統譜にみる皇位継承の大原則

百地　皇統譜に基づく天皇の系譜（次頁）を見れば明らかなように、複雑な皇位継承がなされてきています。それは直系よりも男系を優先したからなんです。旧皇室典範義解《ぎげ》には、皇位継承の三原則が記されています。第一に「皇祚を践《ふ》むは皇胤《こういん》に限る」、つまり神武天皇の血を引かれていること。第二に「皇祚を践むは男系に限る」。そして第三に「皇祚は一系にして分裂すべからず」。これは南北朝時代のように分裂してはならないということ。この順番が大事なんですね。つまり直系よりも男系が優先なんです。

実際に7代以上にわたって直系で継承されているのは、わずかに3回だけです。1回目が神武天皇から第12代景行天皇まで。2回目が室町時代の第１０２代後花園天皇から第１０８代後水尾天皇まで。３回目が光格天皇から新帝陛下までです。直系ではなく兄弟間で継承されたり、叔父から甥に継承されたり、などということも多く、実に複雑な系譜となっています。どうしてそんなに複雑になったかというと男系を優先してきたからです。

ですから、およそ皇位継承を論じようという者は、まずは皇統譜を見よと言いたい。天皇の系図は直系一本でずっと来ているというイメージで誤解されている人が多いと思うんですね。実際メディア関係者に天皇の系図を見せると、「えっ、このようになっていたんですか」と驚くんです。皇位継承を国民一般の家の継承と同じ感覚で見てはいけないのです。例えば、武烈天皇から継体天皇までは10親等も離れている。10親等離れていれば我々の常識では赤の他人といっていい。武烈天皇にはお子さんがおられなかったから、男系の男子を求めて系譜をさかのぼり適任者を探したわけ

天皇系図

（数字は「皇統譜」による即位の順）

■女帝　□皇子・王・親王等の略

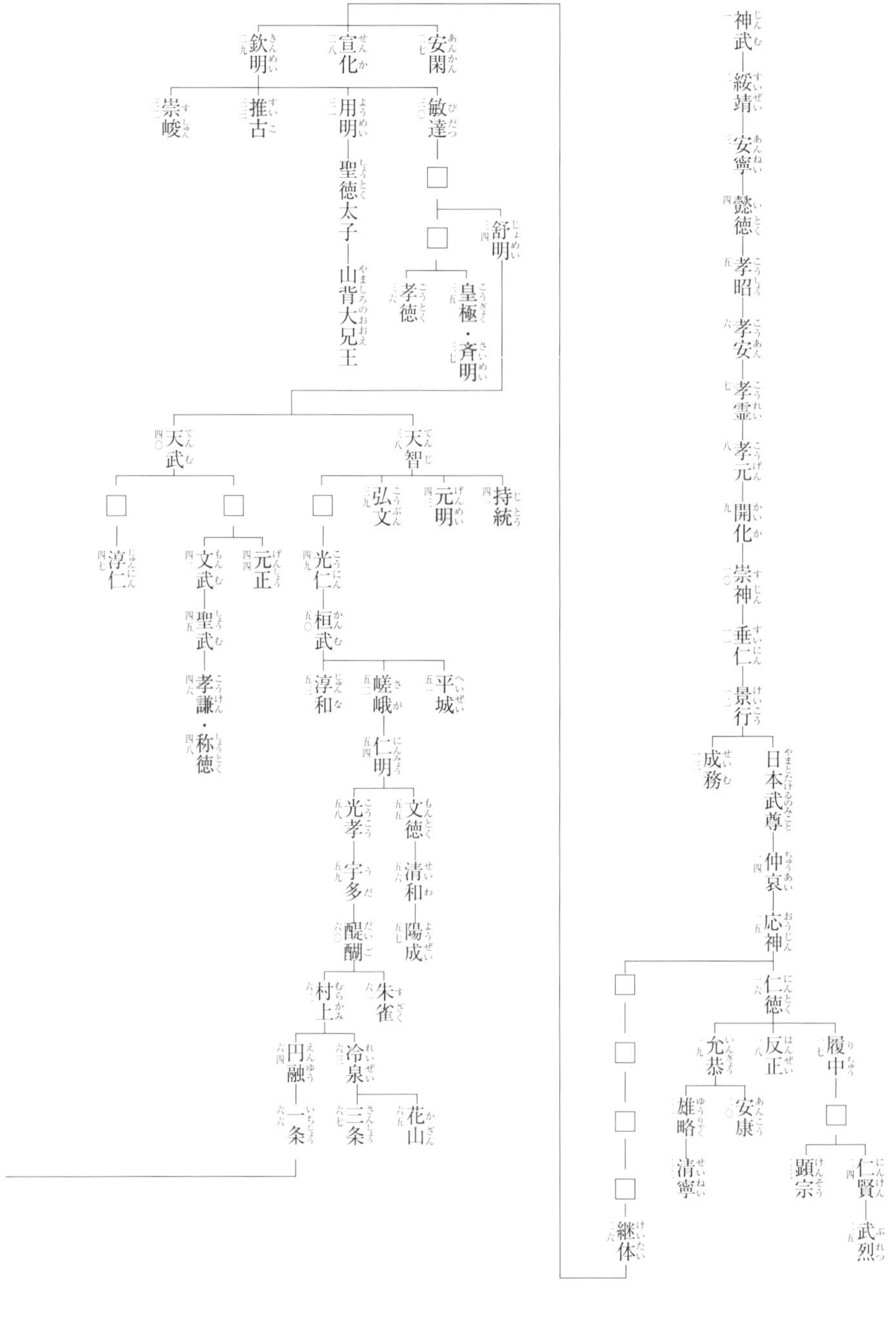

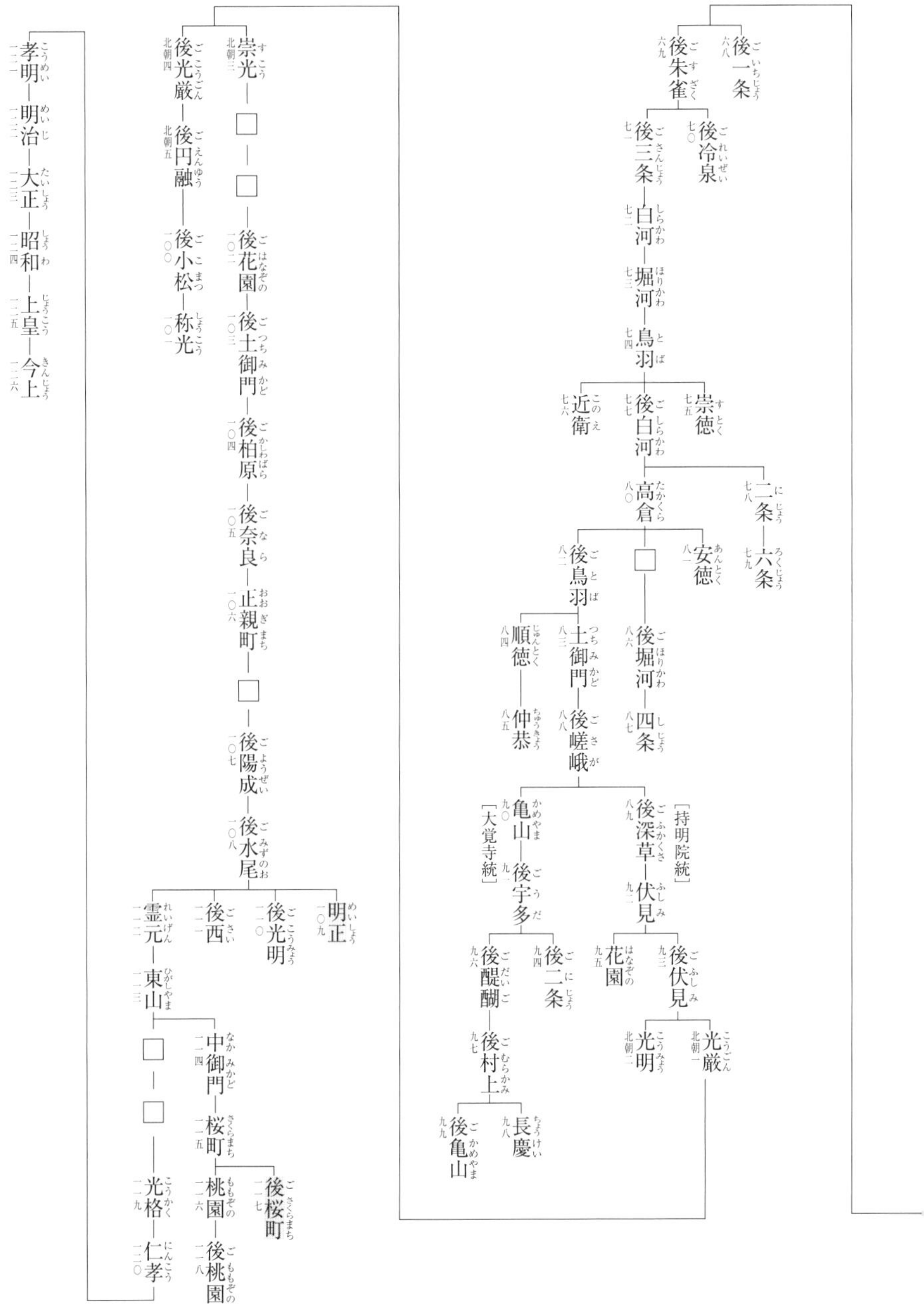
六八 後一条《ごいちじょう》
六九 後朱雀《ごすざく》
七〇 後冷泉《ごれいぜい》
七一 後三条《ごさんじょう》
七二 白河《しらかわ》
七三 堀河《ほりかわ》
七四 鳥羽《とば》
七五 崇徳《すとく》
七七 後白河《ごしらかわ》
七六 近衛《このえ》
七八 二条《にじょう》
七九 六条《ろくじょう》
八〇 高倉《たかくら》
八一 安徳《あんとく》
□
八六 後堀河《ごほりかわ》
八七 四条《しじょう》
八二 後鳥羽《ごとば》
八三 土御門《つちみかど》
八八 後嵯峨《ごさが》
八四 順徳《じゅんとく》
八五 仲恭《ちゅうきょう》
［持明院統］
八九 後深草《ごふかくさ》
九二 伏見《ふしみ》
九三 後伏見《ごふしみ》
九五 花園《はなぞの》
北朝一 光厳《こうごん》
北朝二 光明《こうみょう》
九〇 亀山《かめやま》
［大覚寺統］
九一 後宇多《ごうだ》
九四 後二条《ごにじょう》
九六 後醍醐《ごだいご》
九七 後村上《ごむらかみ》
九八 長慶《ちょうけい》
九九 後亀山《ごかめやま》
北朝三 崇光《すこう》
□
□
一〇二 後花園《ごはなぞの》
一〇三 後土御門《ごつちみかど》
一〇四 後柏原《ごかしわばら》
一〇五 後奈良《ごなら》
一〇六 正親町《おおぎまち》
□
一〇七 後陽成《ごようぜい》
一〇八 後水尾《ごみずのお》
一〇九 明正《めいしょう》
一一〇 後光明《ごこうみょう》
一一一 後西《ごさい》
一一二 霊元《れいげん》
一一三 東山《ひがしやま》
一一四 中御門《なかみかど》
一一五 桜町《さくらまち》
一一七 後桜町《ごさくらまち》
一一六 桃園《ももぞの》
一一八 後桃園《ごももぞの》
□
□
一一九 光格《こうかく》
一二〇 仁孝《にんこう》
北朝四 後光厳《ごこうごん》
北朝五 後円融《ごえんゆう》
一〇〇 後小松《ごこまつ》
一〇一 称光《しょうこう》
一二一 孝明《こうめい》
一二二 明治《めいじ》
一二三 大正《たいしょう》
一二四 昭和《しょうわ》
一二五 上皇《じょうこう》
一二六 今上《きんじょう》

です。こういう例はいくつかあって、例えば、第48代称徳天皇から第49代光仁天皇の間は8親等離れていて、天武系から天智系に戻っています。第101代称光天皇から第102代後花園天皇の間は8親等。そして、第118代後桃園天皇から第119代光格天皇までは7親等離れています。

ですから皇統譜を見ると、先人たちがいかに叡智を傾けて男系を守ってきたかがわかる。私たちはまずはこの原則を守るという立場から出発しなければなりません。

田尾　直系主義より、男系主義を優先するということによって複雑な皇統譜になっているというお話でしたが、そういう意味では、皇室はビッグファミリーなんですね。兄弟、伯叔などの系統も含めてすべて男系で繋がる一つの血統集団であって、現在の皇室だけですべてというわけではないのです。皇統の大原則である男系を維持するために、いま例を挙げられたように、何代かさかのぼっても必ず男系の方をもってきて皇位につけ、あるいは将来の断絶に備えようとするわけです。おっしゃるように皇統譜こそは皇位継承がいかなる原則で貫かれてきたかを立証するまぎれもない論拠となりますね。

百地　まさに「氏の論理」によって継承されてきたのです。「氏」は祖先を同じくする一族の集団です。そして「親から子へ」と相続される民間の財産などとは違って、皇位は神武天皇を祖とする男系の一族（皇族）によって継承され、直系の男子がいないときは傍系の男子によって継承されてきました。ですから、皇位の継承を私共の家族の感覚で考えるのは正しくありませんね。

憲法第2条「皇位の世襲」は男系を意味する

百地　次に政府方針のもう一つ「憲法の趣旨」という観点から考えてみましょう。憲法上は「皇位は、世襲のものであつて……」（第2条）としか書いていないから、男系でも女系でもどちらでもいいんだということをいう人たちがいますが、制憲議会や政府答弁で明らかなとおり、従来の政府見解は「憲法第2条の世襲は男系を意味する」というものでした。

まず憲法制定時の内閣法制局「想定問答」(昭和21年11月)では、「少なくとも女系ということは皇位の世襲の観念の中に含まれていない」としています。制憲議会でも金森徳次郎憲法担当大臣が、世襲とは何かとの質問に対して、「本質的には現行の憲法(明治憲法)と異なるところはない」「男系ということを、動かすべからざる一つの日本の皇位継承の原理として考えております」と答弁しています。

その後も、「古来の日本の国民の一つの総意と申しますか、国民の信念と申しますか、つまり男系相続ということでは実は一貫している」(林修三内閣法制局長官、昭和34年)、「男系をもって貫くということが、世襲の精神に合うものではないか」(宇佐美毅宮内庁長官、同39年)、「男系の男子が皇位を継承されるというのが、わが国古来の伝統であって、その伝統を守るということで現在のような規定ができた」(角田礼次郎内閣法制局長官、同58年)などの答弁がなされています。平成に入っても「この規定(憲法第2条)は皇統に属する男系の男子が皇位を継承するという伝統を背景として決定された」(加藤紘一内閣官房長官、平成4年)。

唯一の例外として、平成13年に福田康夫官房長官が「皇統とは男系及び女系の両方を含む」と突然、根拠も示さず、何の説明もないまま政府見解を変えようとしたことがあります。国会の議事録を見ると、わずか数行の答弁で終っていますが。

しかし、この答弁は、その後、平成18年、安倍晋三官房長官によって元に戻されています。「政府としては、男系継承が古来例外なく維持されてきたことを認識し、そのことの重みを受け止めつつ、皇位継承制度のあり方を検討すべき」と述べています。野田佳彦首相も「古来、ずっと長くそういう形（男系）で続いてきたことの歴史的な重みというものをしっかりと受け止め」（同24年、衆議院予算委員会）と言っています。

ですから、福田官房長官の唯一の例外を除けば、政府答弁は「男系」ないし「男系重視」だったと言ってよい。ところが、最近、内閣法制局は、これらの戦後積み重ねられてきた政府答弁を無視するかのごとく、おかしな主張を始めているのです。「世襲とは中性原理だ」などと言い出しました。内閣法制局が作成した「憲法関係答弁例集」という想定問答集（平成29年10月付）には、いま紹介したような長く積み重ねられてきた男系重視の政府答弁はひとつも引用されていない。法制局は恣意的に自分たちの意見をねじ込もうとしているとしか思えません。

憲法学者の主流も男系

百地　憲法学者はどうか。自衛隊については7割近くが違憲だと言っているような憲法学界ですが、有力な憲法学者が、憲法でいう「皇位の世襲」は男系を意味すると言っています。

例えば、美濃部達吉博士は、「皇位継承の基本原則の第一が世襲主義である。第二が男系主義である。皇統は専ら男系に依り女系に拘らないことは、我が古来の成法である」（『日本国憲法原論』昭和23年）。東京大学の宮澤俊義教授も「わが国では、皇族の身分をもたない者は皇位継承の資格はないが、皇族の身分をもつためには、かならず『男系』により皇統に属することが必要であるから、ここでとくに男系という必要はない」（『憲法（改訂版）』昭和55年）。つまり、男系は当然のことだから憲法には書いていないというわけです。一橋大学の田上譲治教授は、「男系をもって国家の基本法とする」とはっきり述べています。東北大学の小嶋和司教授も「憲法の『世襲』概念は女系を含んでいない」という立場から次のように述べています。「『皇統』には二つの解釈がありうる。一は、単に天皇の血統と解するもので、他は、さらにその系統が歴史的には男系によってのみ成立したことに着目して、男系制をも読み込むものである。後説を正当としよう」（『「女帝」論議』平成元年）。京都大学の佐藤幸治教授も「『皇統』は歴史的に『男系』であることが求められた。皇室典範一条が『皇統に属する男系』とするのは、それを確認するものである」（『憲法（第三版）』平成7年）と。

以上のように、男系は憲法の原理であって、法律で変えられるものではないという学説が有力なのです。

――としますと、女系天皇を主張することは憲法違反になる？

百地　少なくとも男系を無視した、安易な女系天皇論は憲法違反の疑いがあります。憲法第2条と皇室典範第1条はセットであり、憲法を変えない限り皇室典範第1条は変えられないということなんです。男系か女系かという二者択一の議論そのものを憲法は拒絶しているとも言えると思います。ですから現行憲法のままで行くなら、男系で行くしかない。この大原則を前提にして皇位継承の安定化を図らねばなりません。そうすると、自ずと旧宮家の方々の皇籍取得という方策が有力とならざるを得ないと考えます。

皇統に連なる旧宮家の男子孫を皇族に

田尾　具体的には、現在の皇室典範が施行されて五カ月の後に皇籍離脱を余儀なくされた11宮家（＊3）のうちの、男系男子孫の方を対象に、その幾人かに皇族に復帰いただくということですね。そうすると、何十年も皇室を離れていた人が皇族に復帰してなじむのかと心配する人がいますが、先ほど話したように、皇室はビッグファミリーでつないできたというところから見れば、たかだか70年余にすぎません。人の一生にも満ちません。また、皇族の一員となってもすぐに天皇になるわけでもありません。万が一のために控えることになるのですから、なるとしてもその順位は、悠仁親王以降になるわけで何の心配もありません。

百地　130年とか200年も離れていた傍系から皇位を践まれた方がいらっしゃるわけですからね。いまの皇室もさかのぼれば、光格天皇という傍系出身の方から始まっているわけですから。

田尾　内閣法制局がなぜ間違った解釈に陥ったかといえば、先人の解釈を無視し、今風の便宜的な憲法の字義解釈だけをやって、天皇というものは歴史的な万世一系の存在だということを意識的か無意識的か排除しているからではないのかと思いますね。そもそも現憲法は天皇を新憲法でもって新たに創出したかのような、スタンスと解釈をとっているのが問題なのです。

明治憲法では、第1条で天皇が「万世一系の天皇」と定義されていたんです。ところが、占領軍は改憲してその第1条で単に「象徴」という歴史と無関係で法的にもなじみのない新語を用いて、天皇の「万世一系」の歴史的存在の語を抜き去ってしまった。さらに第2条で「皇男子孫」の語も抜き取って単に「世襲」としてしまった。

しかし危機感を抱いた内閣法制局の先人たちは、当時憲法と同等の権威をもっていた皇室典範の方で、「世襲」とは「皇統に属する男系の男子」（第1条）であると再定義して万世一系を護持した。現憲法制定時はもちろん、その後の日本人はそのことを当然の常識として明確に意識してきた。だからさきほどご紹介されたような政府答弁ができていたのです。宮澤教授を含め憲法学者もです。

百地　その原則に立ち戻らなければなりませ

ん。

田尾　そして繰り返しになりますが、皇位継承の大原則は、直系主義よりも男系主義優先だということです。皇室法を深く研究された、葦津・大石両先生はこれを「不文の大法」として最も重視していました。それが皇統譜となっているのです。

百地　皇室は近代的なファミリー感覚で見てはいけないということですね。

女性宮家は皇位の不安定化をもたらす

――直系主義を第一に主張する人たちは、仮に女性、女系を認めたとして、もし悠仁様にも、愛子様にもお子様がお生まれにならなかったら、どうするつもりなのでしょうか。

百地　皇統断絶です。

田尾　だから男系皇族の確保が必要なのです。直系優先も選択肢が狭いんですね。直系主義よりも男系主義優先でビッグファミリーとして傍系も含め皇位継承者を確保していくというやり方こそがよほど賢明で正統といえるのです。

百地　男系の皇統は、皇室とそれを支える傍系の宮家によって支えられてきました。室町時代以降でいえば、伏見宮家、桂宮家、有栖川宮家、それに閑院宮家です。そして、この4宮家から3人の天皇が誕生しています。例えていえば、1本の柱（皇室）を4本の支柱（宮家）で支えてきたわけですね。その支柱（旧宮家）が戦後、ＧＨＱの圧力で取り払われてしまいました。

ちなみに、徳川家もそうだったんですね。御三家や御三卿（＊4）をつくって、いわば6本の支柱で将軍の血筋を守ってきた。最後の将軍慶喜は家康までさかのぼらないと家茂とは血が繋がりません。第14代の家茂から初代の家康にまでさかのぼり、再び下ってくるのですから、家茂と慶喜とは18親等もの開きがあります。

田尾　家康が皇室を参考にしたのは間違いな

く、それで幕末まで男系で15代も続いていた。

百地　さて男系優先という合意が出来れば、女性宮家の問題点は自ずと明らかです。皇統は男系である以上、女性宮家は皇位継承の安定化とは何の関係もない。一代限りの皇族としてご公務の一端を担っていただくというのであれば、女性宮家の創設も意味があるという人がいるかもしれませんが、それこそ女系推進派の思うツボです。民間人とのご結婚によってお子様がお生まれになれば、その子は女系ですが、その子に皇位継承権がないのはおかわいそうという声が出てきて、世論が分裂しかねないからです。

田尾　今までなかったいわゆる「女性宮家」を無理してあえてつくるとなると、いま言われたように、女性皇族との結婚で、これまで全くなかった一般の男性が皇族となって何人かが皇室に入っていくことになります。その子供はみな女系となり、もし誰かが皇位につくと、万世一系はそれで終わりです。それは皇位の正統性を揺るがすもととなり、皇位を不安定化させてしまうことになります。

百地　ですからあえて繰り返しますが、男系が優先で、その次に直系が来るけれども、その直系の男子が絶えたときは、傍系から男子を迎えて皇位を継がせたというのが、皇位継承の基本原則であるということ。皇位継承者を出してきた主柱の男系が絶えた時は別の支柱に移り、今度はその支柱が主柱として皇室を担っていく。ちょうど振り子のように柱が移っていく。皇統譜を見ると、それがよくわかります。

日本の皇室は世界人類の至宝

田尾　旧宮家の男子子孫の方々の皇籍復帰に関していうと、今の皇室と血が繋がるには６００年もさかのぼらなければならない、それはあまりにも遠いではないかと言う人がいるんですが、逆に言うと、家系が６００年前にさかのぼれるということ、それ自体がすごいことだと、由緒あることと思いますよね。もっと言うと、神武天皇までさかのぼれる。１２６代にわたって一つの血脈で連綿と繋がっている家系というものが世界人類史上どれほど貴く、キリスト生誕よりはるか前から、優に二千年以上にわたってそれを守ってきた国民がどれほど賢明で偉大なことか。むしろ王国の断絶や王朝交代の悲史の歴史を多く経験し、それをよく知っている外国の識者たちほどその事実を高く評価する。それは驚異的なことで、一つの奇跡である、日本の天皇の万世一系の皇室は世界人類の宝だとまで言う人もいるほどです。

百地　その宝を守り抜くことこそ今の我々に託された世代的責任だと思います。幸い、旧宮家のうち、賀陽家、久邇家、東久邇家それに竹田家の4家には20歳代以下の若い男子が8人から10人くらいいらっしゃいますから、この中からふさわしい方を何人か皇族として迎えたら皇室は安泰でしょう。

いま、正しい方策を講じなかったら、その宝が失われてしまうかもしれない。それは日本の存続そのものに直結するだけでなく人類の至宝の喪失でもあるのです。

（＊1）天皇の退位等に関する皇室典範特例法「付帯決議」（平成29年6月9日）は次の通り

一、政府は、安定的な皇位継承を確保するための諸課題、女性宮家の創設等について、皇族方のご年齢からしても先延ばしすることはできない重要な課題であることに鑑み、本法施行後速やかに、皇族方のご事情等を踏まえ、全体として整合性が取れるよう検討を行い、その結果を、速やかに国会に報告すること。

二、一の報告を受けた場合においては、国会は、安定的な皇位継承を確保するための方策について、「立法府の総意」が取りまとめられるよう検討を行うものとすること。

三、政府は、本法施行に伴い元号を改める場合においては、改元に伴って国民生活に支障が生ずることがないようにするとともに、本法施行に関連するその他の各般の措置の実施に当たっては、広く国民の理解が得られるものとなるよう、万全の配慮を行うこと。

（＊2）平成31年3月19日記者会見で、菅官房長官は、「男系継承が古来例外なく維持されてきたことの重みなどを踏まえながら、慎重かつ丁寧に検討を行う必要がある」との認識を示し、「天皇陛下のご退位と皇太子殿下のご即位が国民の祝福の中でつつがなく行われるよう全力を尽くし、その上で付帯決議の趣旨を尊重して対応していきたい」と話した。

（＊3）昭和22年5月3日施行の皇室典範には「現在の皇族（旧11宮家を含む）は、この法律による皇族とする」旨の附則規定がある。

（＊4）御三家は尾張、紀州、水戸。御三卿は田安、一橋、清水。

■著者略歴

百地 章（ももち　あきら）

昭和21年静岡県生まれ。京都大学大学院法学研究科修士課程修了。法学博士。愛媛大学教授、日本大学教授を経て国士舘大学特任教授。日本大学名誉教授。民間憲法臨調事務局長。「美しい日本の憲法をつくる国民の会」幹事長。著書に『憲法の常識　常識の憲法』『憲法と政教分離』『これだけは知っておきたい「憲法9条と自衛隊明記」Q＆A』など。

田尾 憲男（たお　のりお）

昭和17年香川県生まれ。東京大学法学部私法ならびに政治コース卒。英国サセックス大学留学経済学専攻。日本国有鉄道（現ＪＲ）に入社し、鉄道情報システム株式会社監査役、顧問などを歴任。神道政治連盟首席政策委員、日本交通協会理事、日本文化興隆財団理事。著書に『英国と日本』『日本を語る』（共著）『共同研究・現行皇室法の批判的研究』など。

御《み》代《よ》替《がわ》り
——平成から令和へ、私たちが受け継ぐべきもの

令和元年十一月十六日　初版第一刷発行

著　者　百地　章
　　　　田尾　憲男
企　画　日本会議事業センター
発行者　田尾　憲男
発　行　株式会社明成社
〒一五四―〇〇〇一
東京都世田谷区池尻三―二一―二九―三〇二
電　話　〇三（三四一二）二八七一
ＦＡＸ　〇三（五四三一）〇七五九
https://www.meiseisha.com
印刷所　モリモト印刷株式会社

ISBN978-4-905410-56-0 C0023